MIT ARBEITS HILFEN ONLINE

Exklusiv für Buchkäufer!

Checklisten:

- Umgang mit schwierigen Gesprächspartnern
- Wettbewerbsparameter Kommunikation
- Outfit und Image, Kundenorientierung Service

Tests:

- Soll ich den Schritt in die Selbstständigkeit wagen?
- Wie stilsicher ist Ihr Auftritt? u. a.

Gesetze:

- Wohnraumvermittlungsgesetz (WoVermRG)
- Auszüge aus BGB und
- Gesetz gegen unlauteren Wettbewerb

Und so geht's:

- Einfach unter www.haufe.de/arbeitshilfen den Buchcode eingeben
- Oder direkt über Ihr Smartphone bzw. Tablet auf die Website gehen

Buchcode: GN4-9ATV

www.haufe.de/arbeitshilfen

Verkaufskompetenz für Immobilienmakler

Verkaufskompetenz für Immobilienmakler

Claus-Peter Müller-Thurau

1. Auflage

Haufe Gruppe
Freiburg · München

Bibliographische Information der Deutschen Nationalbibliothek
Die Deutsche Nationalbibliothek verzeichnet diese Publikation in der Deutschen Nationalbibliographie; detaillierte bibliographische Daten sind im Internet über http://dnb.dnb.de abrufbar.

Print ISBN: 978-3-648-03821-5 Bestell-Nr. 06754-0001
EPUB ISBN: 978-3-648-03822-2 Bestell-Nr. 06754-0100
EPDF ISBN: 978-3-648-03823-9 Bestell-Nr. 06754-0150

Claus-Peter Müller-Thurau
Verkaufskompetenz für Immobilienmakler
1. Auflage 2013

Redaktionsanschrift: Fraunhoferstraße 5, 82152 Planegg/München
Telefon: (089) 895 17-0
Telefax: (089) 895 17-290
Internet: www.haufe.de
E-Mail: online@haufe.de
Produktmanagement: Jasmin Jallad

Lektorat: Lektoratsbüro Cornelia Rüping, 81245 München
Satz: Reemers Publishing Services GmbH, 47799 Krefeld
Umschlag: RED GmbH, 82152 Krailling
Druck: Bosch-Druck GmbH, 84030 Ergolding

Inhaltsverzeichnis

Vorwort: Was machen Sie eigentlich?

Wenn man Menschen fragt, was sie eigentlich machen, liefern sie meist eine Berufsbezeichnung ab: Psychiater, Buchhalter oder eben Makler. In bestimmten Berufen liegen dabei Urteil und Vorurteil dicht beieinander. Makler gehören zu diesen Berufsgruppen, sie bekommen sofort ein Etikett verpasst.

Was also macht ein Makler? Mit dem richtigen beruflichen Selbstverständnis fängt der Erfolg an. Die Sprache hilft uns hier auf die Sprünge: „Makeln" leitet sich ab vom Niederdeutschen „maken", was so viel bedeutet wie „machen".

Wohnungs- und Immobilienmakler sind die Mittler und Macher in einem sensiblen Dreiecksverhältnis. Dafür brauchen sie neben Fachwissen eine gehörige Portion an Verkaufs- und Beratungskompetenz. Beides gehört zusammen, denn es reicht bekanntlich nicht aus, das Richtige zu wissen — man muss es auch gut umsetzen und gegebenenfalls durchsetzen können. Genau darin besteht das Angebot dieses Titels: Mobilisieren Sie Ihre Fähigkeiten und Kenntnisse — von „Akquisitionsstärke" bis „Zielorientierung" und von „Auflassung" bis „Zwangsversteigerung".

Claus Peter Müller-Thurau

Hamburg, im Frühjahr 2013

1 Was erfolgreiche Berater auszeichnet

Unternehmensberater, Personalberater, Steuerberater, IT-Berater, Energieberater, Immobilienberater – eine vollständige Liste sämtlicher Beratungsberufe würde recht lang ausfallen. Eines aber ist ihnen allen gemein: sie sind mit Verantwortung verbunden. Wer seine Aufgabe ernst nimmt und nicht nur das schnelle Geschäft sucht, muss bereit sein, diese Verantwortung zu übernehmen.

Wenn ein Berater einen Auftrag erhält, bekommt er einen Vertrauensvorschuss, den es einzulösen gilt. Wer dabei versagt, ist erst den Kunden los und, wenn dies häufiger passiert, auch noch seinen guten Ruf. Was also zeichnet langfristig erfolgreiche Immobilienberater aus? Die folgenden Eigenschaften sind entscheidend:

Erfolgreiche Immobilienberater ...

- profilieren sich beim Kunden durch ein uneingeschränktes Interesse und Engagement.
  Vielen Kunden fehlt es an Sachkompetenz, denn andernfalls bräuchten Sie ja keinen Berater. Jeder kann aber beurteilen, ob der Auftragnehmer sich an seinem Kunden interessiert zeigt und wirklich ins Zeug legt.
- kennen das Umfeld des Kunden und werden dadurch als Geschäftspartner akzeptiert.
  Wer sich beispielsweise vorab nicht gründlich mit der Makro- und Mikrolage einer zu vermarktenden Immobilie befasst hat, sollte nicht auf einen Auftrag hoffen. Es zählt also nicht nur das allgemeine Fachwissen, sondern ebenso die kundenbezogene Sachkenntnis. Folglich heißt es, sich auf jeden Kunden neu und individuell einzustellen.
- reagieren schnell und konstruktiv auf die Bedürfnisse des Kunden
  Schnelligkeit ist ein entscheidender Wettbewerbsfaktor im Geschäftsleben. Das gilt für das Erkennen von Chancen im Markt, das Erstellen professioneller Exposés sowie für Terminvereinbarungen und telefonische Rückrufe.
- sehen die Bedürfnisse des Kunden voraus und handeln proaktiv.
  Aufgeweckte Immobilienmakler machen ihre Kunden von sich aus auf interessante Entwicklungen im Markt aufmerksam und haben bereits beim ersten Kundenkontakt Vorschläge im Gepäck.

- treten im Markt seriös und vertrauenswürdig auf und bestätigen damit die Wertigkeit ihrer Dienstleitungen.
  Beratungsgeschäfte sind personengebundene Geschäfte. Während die Qualität eines Autos durch einen inkompetenten Automobilverkäufer nicht schlechter wird, kann ein unkundiger Immobilienmakler durch sein persönliches Auftreten finanzielle Schäden verursachen.
- nehmen ihren Beruf aus einer verkäuferischen Haltung heraus wahr, vergessen dabei aber nie, dass der Kunde der Auftraggeber ist.
  Die Grundgesamtheit der Wohnungs- und Immobilieneigentümer repräsentiert die Grundgesamtheit aller denkbaren Persönlichkeitstypen. Die einen sind misstrauisch und wollen alles unter Kontrolle haben, andere halten sich selbst für die besten Makler, haben aber gerade Wichtigeres zu tun, und manche sind eitel und möchten hofiert werden. Sie alle gilt es dort abzuholen, wo sie mental stehen.

Diese Qualitätsstandards für das eigene Verhalten im Markt erfordern ein solides Fachwissen und jede Menge Psychologie. Deshalb wollen wir uns als Erstes mit der Psychologie befassen.

Studie zur Beratungsqualität von Immobilienmaklern

Das Deutsche Institut für Service-Qualität hat 2012 die Beratungsqualität im Bereich „Kauf und Verkauf privater Wohnimmobilien“ untersucht. Insgesamt 26 Immobilienmakler in Berlin, Hamburg und Köln wurden anhand von jeweils vier verdeckten Testbesuchen analysiert. Dabei ergaben sich folgende Schwächen:

- In fast 80 Prozent aller Fälle gestaltete sich die Terminvereinbarung zur Besichtigung einer Immobilie schwierig. Versprochene Rückrufe blieben teilweise aus.
- Bei ca. 30 Prozent der Fälle bemängelten die Tester die Kenntnisse der Makler zur Immobilie und zur Umgebung.
- Auskünfte zur Wärmedämmung konnte nur jeder dritte Makler geben.
- Die Beratungsqualität per E-Mail war nur ausreichend.
- Jede dritte E-Mail wurde nicht beantwortet.

Kunden, die ein Maklerbüro aufsuchten, wurden aber insgesamt gut beraten. Sehr positiv wurden die Räumlichkeiten und die motivierten und freundlichen Mitarbeiterinnen und Mitarbeiter bewertet.

1

Die Wichtigkeit von Persönlichkeitseigenschaften

In der Welt der Wirtschaft gibt es personenbezogene und nicht-personenbezogene Geschäfte. Wer eine Tüte Milch kauft, wickelt einen nicht-personenbezogenen Geschäftsprozess ab, auch wenn die Frau an der Kasse freundlich lächelt. Ganz anders schaut es im Beratungsmarkt aus. Wer als Berater einen Auftrag akquirieren, also einen Vertrauensvorschuss kassieren möchte, muss grundsätzlich drei Fragen beantworten:

1. Wer bist du?
2. Was kannst du?
3. Was willst du?

Die erste Frage zielt auf die Persönlichkeit ab, die zweite auf die Fachkompetenz und die dritte auf die Motivation bzw. das vom Auftraggeber erwünschte Engagement.

Warum geht es mit der Frage „Wer bist du?“, also der Frage nach der Persönlichkeit los? Dafür gibt es zwei triftige Gründe. Den ersten kann man mit dem Begriff „Eunuchenwissen“ umschreiben. Es gibt in vielen Berufen Menschen, die wissen, wie es geht — aber es nicht können. Früher sprach man von Tischlern, bei denen zu Hause die Stühle wackeln. Wie bereits eingangs erwähnt: Es reicht eben nicht aus, das Richtige zu wissen — man muss es auch umsetzen und im Zweifelsfall durchsetzen können.

Die Frage „Wer bist du?“ zielt also zunächst darauf ab, ob man aufgrund seiner persönlichen Eigenschaften einen Beratungsauftrag erfolgreich umsetzen kann. Wer bei der Akquisition keinen unfallfreien Satz bauen kann und seinem potenziellen Auftraggeber die Hand wie einen nassen Lappen reicht, kommt meist gar nicht dazu, seine Fachkompetenz unter Beweis zu stellen.

Aber es gibt noch einen zweiten Grund, warum die Persönlichkeit insbesondere bei der Akquisition von Aufträgen eine Rolle spielt nämlich den der persönlichen Glaubwürdigkeit. Glaubwürdigkeit ebenso wie Vertrauenswürdigkeit ist eine Frage des persönlichen Auftritts. Glaubwürdigkeit und Vertrauen spielen insbesondere bei Beratungsleistungen eine entscheidende Rolle, da der Kunde den Wert der Leistung ja erst im Nachhinein beurteilen kann.

Glaubwürdigkeit und Persönlichkeit

Was kennzeichnet denn nun die Persönlichkeit eines erfolgreichen Beraters und Maklers? Die Antwort lautet: Vielseitigkeit. Wer nur etwas über seinen Beruf weiß, weiß wenig über seinen Beruf. Durch eine allzu einseitige Spezialisierung verliert man irgendwann den Blick für das Ganze. So kann man nicht erfolgreich sein oder werden.

Was ist das wichtigste Erfolgsrezept unserer Zeit? Früher mochte es ausreichend sein, nur auf einem einzigen Gebiet spezialisiert zu sein, heute dagegen sind Allrounder klar im Vorteil. Die Anforderungen des Arbeitsmarktes sind so vielfältig geworden, dass man immer mehrere Lösungsmöglichkeiten für ein Problem parat haben muss, wenn man erfolgreich sein will.

Es verhält sich wie mit dem Unterschied zwischen Fuchs und Igel: Der Fuchs kennt viele Wege, um Gefahren aus dem Weg zu gehen bzw. seine Ziele zu erreichen, der Igel kennt nur die stachelige Abwehr. Sie sind damit beide eine sehr lange Zeit gut zurechtgekommen.

Inzwischen haben sich die Verhältnisse allerdings verändert. Die Umwelt, man könnte auch sagen die Wettbewerbssituation, ist nicht mehr wie früher und so hat sich denn auch für den Igel eine Menge geändert — er schafft es nämlich kaum noch heil über die Straße. Angesichts der Gefahr in Form eines heranrollenden Autos macht er das, was er am besten kann und was er immer gemacht hat, und kommt unter die Räder. Eine Fähigkeit — heute sprechen wir bisweilen auch von einem Wettbewerbsvorteil — auf die er sich früher immer verlassen konnte, richtet sich jetzt gegen ihn und kostet die Existenz. Alles klar? Wer nicht mit der Zeit geht, geht mit der Zeit.

Wir müssen Füchse sein, in welchen Beruf auch immer, wenn wir erfolgreich und zukunftsfähig bleiben bzw. werden wollen, und deshalb lesen Sie im Folgenden ein Plädoyer für den Fuchs. Was macht dieses „Fuchssein" aus? Um welche Eigenschaften geht es, um als Wohnungs- und Immobilienmakler Erfolge feiern zu können?

T wie Traumjob

Die Anforderungen unserer Zeit, in der nichts beständiger als der Wandel ist, lassen sich am Bild des Buchstabens „T“ verdeutlichen. Der Querbalken steht für die breite Übersicht, insbesondere die fachübergreifenden Qualifikationen. Der senkrechte Balken symbolisiert die Fähigkeit, bei Bedarf jederzeit fachlich in die Tiefe eines Sachverhalts einzudringen.

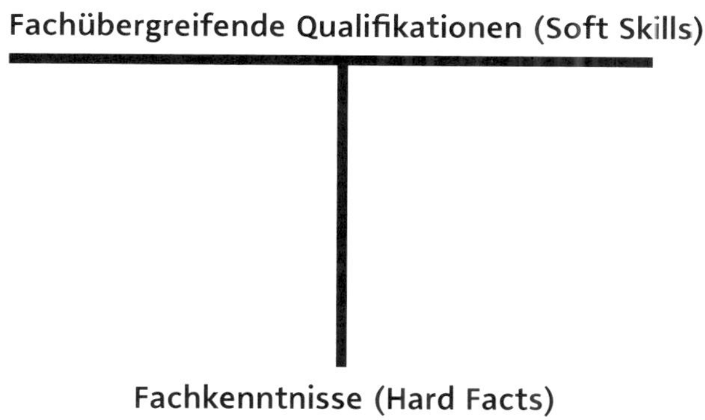

Abb. 1: Soft Skills und Hard Facts

1.1 Zielorientierung

Von den ca. 35.000 Unternehmen, die sich in Deutschland mit der Vermittlung von fremden Grundstücken, Gebäuden und Wohnungen befassen, sind über die Hälfte Einzelunternehmen. Und wiederum über die Hälfte dieser Betriebe realisiert einen Jahresumsatz von mehr als 250.000 €. Dies ist im „Marktmonitor Immobilien 2011“ der Hochschule für Wirtschaft und Umwelt Nürtingen-Geislingen zu lesen und insbesondere für Existenzgründer eine frohe Botschaft.

Weiter heißt es in der Studie, dass zu den erfassten Unternehmen noch fünf bis zehn Prozent weitere Makler kämen, die sozusagen rollierend im Markt tätig sind, d. h. ein gewisser Anteil der Marktteilnehmer wechselt häufig. Dieser Personenkreis hat also die Zukunft als selbstständiger Makler schnell wieder hinter sich. Erfolg und Misserfolg liegen in diesem Berufsfeld dicht beieinander.

Ob Sie bereits als Makler tätig sind oder Sie sich als Ein- oder Umsteiger eine neue berufliche Perspektive erschließen möchten – das A und O des Erfolges ist die Zielorientierung. Wer nicht weiß, wohin die berufliche Reise gehen soll, landet da, wo er überhaupt nicht hin wollte. Man muss also konsequent sein. Jede Halbherzigkeit trägt den Keim des Scheiterns schon in sich, denn kein Kunde wartet auf einen.

Was hat es mit der Zielorientierung auf sich? Kurz gesagt: Ziele sind Leuchtfeuer für das Handeln. Deshalb ist die Formulierung und manchmal auch Umformulierung von Zielen unerlässlich, wenn man sich nicht in einem ineffizienten Aktionismus verschleißen will. Ziele verhindern, dass wir uns verzetteln, und helfen uns, vorhandene Energien sinnvoll einzusetzen.

Um Ziele ausarbeiten zu können, ist zunächst begriffliche Klarheit nötig. Meist besteht ein Ziel darin, dass man einen wünschenswerten Zustand anstrebt – man spricht in diesem Falle von einem positiven Ziel. Beispiele hierfür können eine gesteigerte Zahl an Besuchsterminen sein oder die Erstellung fundierter Due-Diligence-Reports, die allen Beteiligten als wichtige Entscheidungsgrundlage dienen sollen.

Bei einem negativen Ziel geht es dagegen darum, einen vorhandenen Mangelzustand zu beseitigen – man will, dass etwas nicht mehr der Fall ist und das Ergebnis der eigenen Bemühungen positiver ausfällt. Man möchte etwa weniger Absagen nach einem Akquisitionsgespräch kassieren oder keine Fehler bei seinen Due-Diligence-Reports machen.

Negative Ziele sind allerdings Vermeidungsziele, sie bringen einen mental in die Defensive und sind außerdem wenig geeignet, dem eigenen Handeln eine Richtung zu geben.

Derartige Unterscheidungen mögen akademisch klingen, sind aber wichtig, denn falsche Begriffe behindern richtiges Denken. Dies gilt auch für die Unterscheidung von globalen und spezifischen Zielen. Beim Schachspiel besteht das globale Ziel darin, den gegnerischen König mattzusetzen. Da es sehr viele

Matt-Situationen gibt, bleibt die Ziel-Situation recht unbestimmt. Man muss folglich spezifische Ziele formulieren, um eine Grundlage für das Planen und Verhalten zu haben. In der Praxis wären dies Zwischenziele, die die globale Zielerreichung wahrscheinlich machen. Darunter können beispielsweise die Verbesserung des Telefonverhaltens durch das Coaching eines Profis fallen oder die Optimierung der Due-Diligence-Reports durch die Teilnahme an einem Seminar zum Thema ‚Due-Diligence durch Makler'. Dies können Zwischenziele auf dem Weg zu einem erfolgreichen Immobilienmakler mit einem Jahresumsatz von XXL sein. Letzteres wäre das Globalziel.

Die begriffliche und inhaltliche Klärungsarbeit ist damit aber noch nicht vollständig geleistet, denn vom globalen Ziel muss man das unklare Ziel unterscheiden. Beim globalen Ziel (das Matt des gegnerischen Königs) kann man am Ende klar entscheiden, ob das Ziel erreicht wurde oder nicht – unklare Ziele sind dagegen Ziele, bei denen ein Kriterium, aufgrund dessen sicher entschieden werden kann, ob man erfolgreich war oder nicht, fehlt, etwa die Verbesserung des Betriebsklimas. Wie soll der angestrebte Zustand aussehen? Worin zeigt er sich?

Unklare Ziele sind meist verborgene Mehrfachziele. Oft meint man, dass zu Begriffen wie zum Beispiel „Betriebsklima" oder „Kundenzufriedenheit" nur eine Sache gehört. Dabei handelt es sich in Wirklichkeit um einen Komplexbegriff, der eine Menge von verschiedenen Sachverhalten und Vorgängen bedeuten kann. Wenn man solche Komplexbegriffe zerlegt, merkt man dann, dass es sich um ein ganzes Problembündel handelt, das nur mit einer begrifflichen Marke versehen war.

Um das Thema „Zielorientierung" abschließend auf den Punkt zu bringen: Wer in die Immobilienbranche einsteigen möchte, wer sorgenvoll auf seine Umsätze schaut und wer zukunftsfähig bleiben möchte, muss positive, globale, spezifische und klare Ziele definieren. Dass sie einigermaßen realistisch sein müssen, versteht sich von selbst. Aber träumen ist erlaubt, denn der Witz der Marktwirtschaft besteht ja genau darin, dass Menschen, die Ziele haben und sich etwas zutrauen, über sich hinauswachsen. Beispiele gibt es gerade in jüngster Zeit genug. Und damit sind wir wie von selbst bei einer weiteren Eigenschaft, die den langfristigen Geschäftserfolg von Wohnungs- und Immobilienmaklern sichert: die Flexibilität.

Abb. 2: Zielausarbeitung

1.2 Flexibilität

Flexibilität ist auch so ein „Wiesel-Wort", das überall auftaucht, aber schwer zu fassen ist. Wenn man beispielsweise beim Job-Portal monster.de das Suchwort „Flexibilität" eingibt, erhält man über 1000 Job-Angebote. Flexibilität ist also gefragt und damit eine wichtige Eigenschaft. Aber was heißt das konkret? Erlauben Sie mir, von einem Experiment zu berichten, das dem legendären ehemaligen Frankfurter Zoo-Direktor Bernhard Grzimek zugeschrieben wird.

Das Versuchsarrangement war wie folgt: In einen Raum von der Größe eines Klassenzimmers wurde ein Schimpanse eingesperrt. In einer Ecke des sonst leeren Raumes lagen 20 kleine Kinderstühle, außerdem gab es eine Kamera, mit der man den Affen von draußen beobachten konnte.

Die erste Phase des Experiments bestand darin, dass das Tier hungern musste, was ja in freier Wildbahn durchaus auch verkommt. Nach zwei Tagen öffnete der Experimentator die Tür — sie geht nach außen auf —, und den Schimpansen traf offenbar der Schlag: Im Flur vor der Tür lag ein Stapel Bananen. Dann machte der Experimentator zur Enttäuschung des Affen die Tür wieder zu.

Was machte der Schimpanse, um an die Bananen zu kommen? Nach einigem Hin und Her kam er auf die Lösung des Problems. Er sah die Stühle in der Ecke des Raumes, zog einen zur Tür, kletterte drauf und öffnete die nach außen aufgehende Tür. Affen sind im Werkzeuggebrauch bekanntlich nicht dumm.

Aber das Experiment ging noch weiter. Der Affe wurde wieder in den ihm bekannten Raum mit den Kinderstühlen verbracht, musste hungern und wurde nach drei Tagen kurzfristig abermals mit dem Anblick von Bananen im Flur vor seiner Tür beglückt. Dann schloss der Versuchsleiter die Tür und drehte den Schlüssel um. Was macht der Schimpanse? Er nutzte seine Erfahrung zur Lösung dieses Problems. Er schleppte einen Stuhl zur Tür, kletterte drauf, rüttelte an der Türklinke — und es passiert nichts.

Was machte er nun? Er probierte nacheinander die Stühle durch, und am Ende lagen vor der Tür jede Menge Stühle. Der Affe war sehr fleißig, aber erfolglos. Erfahrung kann eben auch dumm machen, das heißt, sie verhindert nicht selten, sich auf neue Umstände und Anforderungen einzustellen.

Dieser sogenannte „Methodismus" ist der Erfolgskiller Nummer eins. Nicht selten bescheren uns Methoden, mit denen wir lange Zeit erfolgreich waren, eines schlechten Tages den Misserfolg. Weil die Welt nicht mehr so ist, wie sie war. „Methodismus" bedeutet, dass das Verhalten von Routinen und Automatismen beherrscht und das Hirn dabei nicht selten ausgeschaltet wird.

Und nicht zuletzt spielt hier noch ein lernpsychologisches Gesetz mit hinein: Umlernen ist schwerer als Neulernen. Wenn beschlossen würde, bei Rot zu fahren und bei Grün zu halten, wäre das Chaos auf den Straßen komplett.

Flexibilität heißt freilich nicht, jedem Trend oder dem sogenannten Zeitgeist hinterher zu laufen — Flexibilität heißt, zukunftsfähig zu bleiben. Das ist die wichtigste Herausforderung unserer Zeit, in der nichts beständiger ist als der Wandel. Wir haben es doch erlebt und erleben es permanent: Das Internet zerstört über Jahrzehnte erfolgreiche Geschäftsmodelle, ermöglicht im Gegenzug aber auch viele neue. Wenn man mit dabei sein möchte, muss man auf der Höhe der Zeit bleiben.

Es gibt nicht wenige Marktteilnehmer, die sich hier verweigern. Der Wandel hatte immer schon viele Feinde. Natürlich war nicht alles schlecht, was man früher gemacht hat, und natürlich stimmt nicht alles, was heute lautstark verkündet wird. Flexibilität im Beruf des Maklers heißt beispielsweise ganz konkret, die Chancen zu nutzen, die die Arbeit mit mobilen Endgeräten und in sozialen Netzwerken bietet, und neue Entwicklungen und Trends nicht zu verpassen.

1.3 Soziale Intelligenz

Hier geht es nicht um die Höhe des Intelligenzquotienten, den IQ-Tests ermitteln. Unter sozialer Intelligenz verstehen wir hier die Ausstrahlung von Kompetenz und Verlässlichkeit, die andere dazu animiert, gerade uns um Rat zu fragen. Das ist vielleicht eine etwas umständliche, aber sehr pragmatische Definition und gilt natürlich ausdrücklich auch für den Immobilienberater. Wenn Sie als Ratgeber bei Themen rund um die Vermietung und den Verkauf von Immobilien gefragt sind, haben Sie es geschafft.

In diesem Sinne setzt die viel beschworene „kommunikative Kompetenz" eines Menschen soziale Intelligenz voraus. Wie lautet doch der älteste Grundsatz der Rhetorik? Es ist egal, was du sagst — entscheidend ist, wie es ankommt. Eine nach allen Regeln der Kunst verfasste Rede bleibt wirkungslos, wenn sie über die Köpfe der Hörer hinweggeht. Es bedarf also eines hohen Maßes an sozialer Intelligenz, um zum Beispiel im Verkaufsgespräch sowohl den Kopf als auch das Herz seines Gesprächspartners zu erreichen. Letzteres ist vermutlich noch wichtiger, denn was das Herz nicht akzeptiert, lässt der Kopf gar nicht erst hinein.

Die herkömmlichen Intelligenzdefinitionen und Intelligenzmessungen vernachlässigen im Übrigen eine entscheidende Frage: Wird jemand die ihm bescheinigte Intelligenz auch intelligent anwenden?

Kommunikation ist insbesondere im Immobiliensektor unverzichtbar, der Beruf des Immobilienmaklers beruht in erster Linie darauf. Aber kommunikative Kompetenz muss erworben und entwickelt werden.

Wer einen Beruf ausübt, in dem viele anspruchsvolle Kommunikationsaufgaben zu erledigen sind — dazu gehört für den Makler auch das Erstellen eines überzeugenden Exposés — muss sich um vier grundsätzliche Baustellen kümmern, die im Folgenden konkretisiert werden.

Kommunikation und Konfusion

Sprache ist selten präzise, das heißt, Mehrdeutigkeiten von Begriffen und mangelnde Präzision in Formulierungen lassen Interpretationsspielräume und führen dann zu Missverständnissen und Konflikten.

Was zum Beispiel ist ein Feuer? Mancher Versicherungsnehmer hat da schon eine unangenehme Überraschung erlebt, wenn die vergessenen Kerzen auf dem Adventskranz das Wohnzimmer angekokelt haben und die Versicherung nicht zahlte. Die versicherten Risiken müssen genau beschrieben werden, damit es im Schadensfall möglichst nicht zu Rechtsstreitigkeiten kommt.

Besonders tückisch sind in der Immobilienbranche beispielsweise bestimmte Formulierungen in Baubeschreibungen. Was heißt denn da, wo das Leben konkret ist — also außerhalb der Marketingabteilungen —, „gehobene Ausstattung“, „erstklassig“, „hochwertig“ oder „umweltschonend“? Bedenklich sind auch Angaben wie „Fenster TROCAL 88 + oder gleichwertig“. Was ist mit „gleichwertig“ oder „ähnlich“ im Einzelfall gemeint?

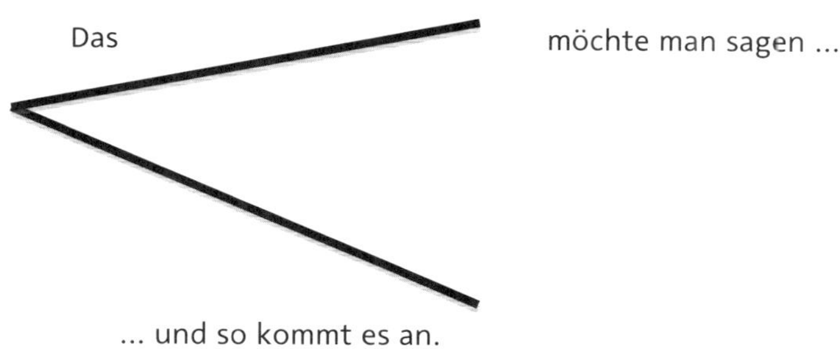

Abb. 3: Kommunikationsverzerrung

Kommunikative Kompetenz heißt zunächst einmal, Informationen so darzustellen, dass die Schere zwischen dem, was man kommunizieren möchte, und dem, was beim Empfänger ankommt, möglichst geschlossen ist. Hier ist natürlich zu beachten, worum es geht: Juristisch belastbare Vertragsinhalte erfordern, wie bereits dargelegt, ein anderes Präzisionsniveau als ein Akquisitionsgespräch oder eine Objektbesichtigung mit Miet- bzw. Kaufinteressenten. Wer beim Kunden ein Aktenvermerksgesicht aufsetzt und Paragrafen-Deutsch abspult, wird damit nicht sonderlich gewinnend wirken. Kunden sind nun einmal keine Entscheidungsträger auf zwei Beinen, die ihre persönlichen Hoffnungen, Befürchtungen und Eigenarten vor einer geschäftlichen Transaktion an die Garderobe hängen. Und damit läuft das Thema wie von selbst zu einem nächsten Punkt, der eine Menge mit dem beruflichen Erfolg als Immobilienberater zu tun hat.

Kommunikation und Glaubwürdigkeit

Glaubwürdigkeit ist im privaten, politischen und geschäftlichen Leben ein hohes Gut. Wer sie verspielt, das haben uns in jüngster Vergangenheit einige Wirtschafts- und Politgrößen drastisch vor Augen geführt, fällt tief.

Aus gutem Grund lautet deshalb die Schlüsselfrage des Kunden bzw. potenziellen Auftraggebers: Stimmt das eigentlich, was mir da der Verkäufer oder Berater erzählt? Kann ich mich auf seine Fachkompetenz und sonstigen Versprechungen verlassen? Der Sozialwissenschaftler Niklas Luhmann gibt hier zu bedenken, dass man nicht ohne jeden Anhaltspunkt und ohne Vorerfahrungen Vertrauen schenken könne. Aus diesem Grund bieten manche Firmen „Arbeit auf Probe“ an und entscheiden erst danach über eine Festanstellung. Im Immobiliengeschäft wäre ein derartiges Verfahren absurd. Hier muss man als Makler Vertrauen gewinnen — auch dann, wenn man im Namen eines renommierten Immobilienbüros tätig ist. Schließlich kann jede Firma personelle Fehlentscheidungen treffen und Menschen in den Beratungsmarkt schicken, die ihrer Aufgabe nicht gewachsen sind.

Aber wie kann man vertrauenswürdig wirken? Natürlich wird man als Akquisiteur vom potenziellen Kunden in Augenschein genommen, das beginnt mit dem äußeren Erscheinungsbild. Die meisten Unternehmen haben einen

Dresscode, also eine ungeschriebene Kleiderordnung. Wer zum Bewerbungsgespräch – das ist ja eine spezielle Form der Akquisition – bei einer Spedition im Nadelstreifenanzug nebst Fliege auftaucht, muss ebenso mit einer Absage rechnen wie der Bewerber, der sich im Overall bei einer Bank präsentiert. Mit einem Brillanten im Ohrläppchen oder einem sichtbaren Tattoo am Hals kann sich ein Akquisitionsgespräch bereits nach Sekunden erledigt haben.

Nun kennt man ja die Person nicht, die man als eventuellen Neukunden das erste Mal besuchen wird, aber wenn man sich mit der Immobilie, dem Umfeld und einer gegebenenfalls vorhandenen Website befasst, findet sich vie leicht ein Hinweis auf den angemessenen optischen Auftritt.

Neben dem Äußeren und Äußerlichkeiten ist Vertrauen vor allem über Transparenz zu erwerben. Wer sich auf ein wichtiges Geschäft einlässt, möchte möglichst viel über seinen neuen Geschäftspartner wissen. Offenheit wird im Zweifelsfall belohnt. Wer als Newcomer im Maklergeschäft bei der Frage nach Referenzen nebulöse Andeutungen macht, kann in der Regel einpacken. Kein Auftraggeber lässt sich gern um die Linde führen. Mit dem Eingeständnis fehlender oder weniger Referenzen kann man durchaus beeindrucken, indem man zwar einerseits mangelnde Erfahrung zugibt, andererseits aber mit seinem Engagement und seiner Fachkompetenz für sich wirbt. Auch Riesen haben einmal klein angefangen, und derartige Einlassungen wirken authentisch und ersparen es einem, etwas vorzugeben, von dem man doch weiß, dass es unwahr ist. Gewiefte Gesprächs- und Verhandlungspartner erkennen das meist schon an der Körpersprache, und in der digitalen Welt fliegen falsche oder frisierte Angaben sowieso schnell auf.

Kommunikation und Körpersprache

Die Körpersprache ist die ehrlichste Form der Kommunikation. Wer auf eine vermutlich unglaubwürdige Aussage hin zur Rede gestellt wird und hektisch reagiert, kann sich weitere Erklärungen ersparen. Frauen wissen von Gesprächspartnern zu berichten, die ihnen bei der Begrüßung per Handschlag das Gefühl vermittelten, in einen Schraubstock geraten zu sein. Selbst das Schweigen kann sehr beredt sein.

Zu den typischen Elementen der Körpersprache gehören unter anderem die Mimik, die Gestik und die Körperhaltung. Auf dieses Thema soll später noch einmal gründlich eingegangen werden.

Kommunikation und Effizienz

Bei manchen Gesprächen kommt nichts heraus, wer kennt das nicht aus unsäglichen Meetings, Diskussionen und Konfliktgesprächen.

Erfolgreiche Immobilienberater haben eine gute Antenne dafür, ob Kundengespräche etwas bringen könnten oder nicht. Gespräche mit vermeintlichen Interessenten, die den anvisierten Kaufpreis bzw. die Miete für eine Immobilie sowieso nicht stemmen können, sind vergeudete Ressourcen.

1.4 Kreativität

Was ist Kreativität? Die Amerikaner, die seit Jahrzehnten die meisten Nobelpreise verliehen bekommen, bieten hier eine interessante Definition. Kreativität bedeutet konkret „Out-of-the-box-thinking“. Man muss aus dem Käfig der Routine, der Selbstverständlichkeiten und der sogenannten Sachzwänge ausbrechen, um neue Ideen generieren zu können.

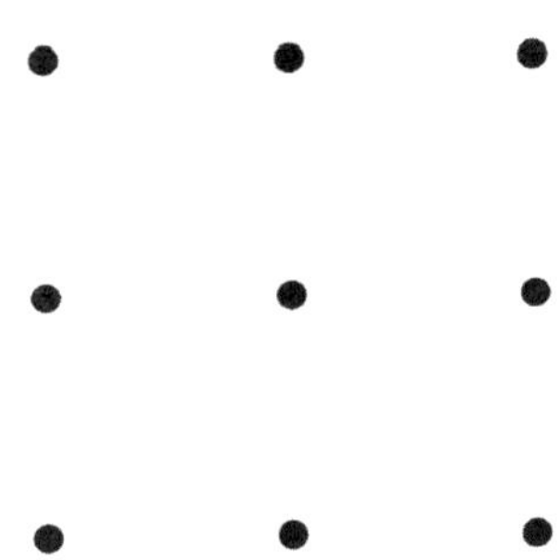

Abb. 4: Das 9-Punkte-Problem

Der Leser möge sich einmal an der folgenden Aufgabe ausprobieren: Es gilt, die neun Punkte mit vier Linien zu verbinden, ohne mit dem Stift abzusetzen. Jede Richtungsänderung bedeutet eine neue Linie. Auch wenn die Lösung vielen bekannt sein dürfte, demonstriert diese Aufgabe doch sehr anschaulich, was mit Kreativität gemeint ist. Eben ein „Out-of-the-box-thinking", wie es das Ergebnis ja auch eindeutig zeigt. Wer sich durch die Anordnung der Punkte kein Quadrat aufzwingen und dadurch bei der Suche nach Lösungsmöglichkeiten eingrenzen lässt, ist erfolgreich.

Das gilt ebenso für das Auffinden neuer Wege zur Akquisition, zur effizienten Abwicklung von Geschäften, zur Nutzung der Möglichkeiten der digitalen Welt für die Geschäftsanbahnung und für vieles mehr. Ist der Brief zur Neukundengewinnung wirklich optimal abgefasst oder fehlt da noch die zündende Idee? Dies wird später noch ein Thema sein.

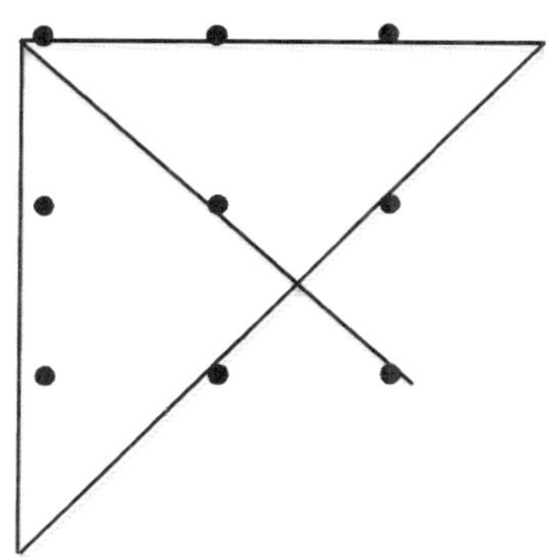

Abb. 5: Die Lösung des 9-Punkte-Problems

1.5 Belastbarkeit

Der Grund für die relativ hohe Zahl von Neuzugängen an Maklern liegt in den niedrigen Eintrittshürden. Man braucht einen Maklerschein nach § 34 c der Gewerbeordnung, und schon kann man loslegen – im Zweifelsfall von der Bettkante aus. So lockt denn dieser Beruf auch Menschen an, die vor allem an die zwei Nettomieten denken, die sie selbst schon ungern und nicht selten bereits mehrmals im Leben für die Vermittlung einer Wohnung gezahlt haben. Aber der Immobilienmakler, der seinen Job aus einer freizeit-orientierten Schonhaltung heraus betreibt und dabei auch noch reich wird, ist eine Fiktion.

Der Beruf ist mindestens so anstrengend wie alle anderen Berufe auch, die aus der Selbstständigkeit heraus betrieben werden bzw. bei denen eine leistungsabhängige Vergütung entscheidend ist. Wer über eine niedrige Frustrationstoleranz verfügt, sollte sich zum Beispiel auf akquisitorische Aufgaben im Interesse der eigenen seelischen Gesundheit gar nicht erst einlassen. Auch dass das Verkaufen erst beim „Nein" seitens des potenziellen Kunden richtig beginne, hat nicht immer etwas mit der Wirklichkeit zu tun. Wer einem Eigentümer, der seine Wohnung per Inserat auf eigene Faust vermieten möchte, per Telefon und damit in der Regel unerlaubt seine Maklerdienste anbietet und eine Abfuhr erhält, hat das Verkaufsgespräch in den meisten Fällen schon hinter sich. Das muss man aushalten können.

Belastbarkeit ist aus guten Gründen ein Lieblingsbegriff der Texter von Stellenangeboten. Belastbarkeit heißt, dass

- „nine-to-five" im Job nicht reicht und man auf überdurchschnittlich hohe physische und psychische Energiereserven zurückgreifen können muss;
- man einen „langen Atem" haben sollte, weil sich in vielen Aufgaben nicht sofort die gewünschten Erfolge einstellen werden;
- Frust bzw. Misserfolge auszuhalten sind und sich nicht gleich negativ auf die Leistungsmoral auswirken dürfen;
- man mit beruflichen Unsicherheiten leben kann.

Der Persönlichkeitsfaktor Belastbarkeit gibt auch Auskunft über das Verhalten in Stresssituationen. Macht jemand unter Zeitdruck viele Flüchtigkeitsfehler, verliert er den Überblick, behandelt er Kunden unwirsch oder gar abweisend? Es geht also letztlich darum, wie jemand reagiert, wenn sich auf dem Weg zum Ziel Hindernisse auftürmen. Im Extremfall gibt es jene, die resignieren, und andere, die sich von Hindernissen positiv herausgefordert fühlen und mit einem „Jetzt gerade!" reagieren.

Resilience

Dieser Fachausdruck steht heute nicht nur für ein Persönlichkeitsmerkmal, sondern auch für Systeme bzw. Unternehmen. Die Herkunft des Begriffs ist psychologisch aufschlussreich. „Resilience“ leitet sich ab vom Lateinischen „resilire“, was so viel wie „abprallen“ bedeutete. Heute sprechen wir von Widerstandsfähigkeit bzw. der Toleranz eines Menschen oder einer Organisation gegenüber Störungen. Dabei ist es egal, ob diese Störungen von innen oder außen kommen. Von innen kommende Störungen können zum Beispiel darin bestehen, dass man an seiner Fähigkeit zur Akquisition von Objekten zweifelt, wohingegen eine Verschlechterung der Wettbewerbssituation eine Störung von außen ist.
Wer langfristig erfolgreich sein will, muss solche von innen und außen kommenden Störungen ausbalancieren können. Deshalb kann man die Eigenschaft „Resilience“ sehr gut mit einem Stehaufmännchen vergleichen, das sich aus jeder beliebigen Lage wieder aufzurichten vermag.

2 Effiziente Verkaufsgespräche, Verhandlungen und Besichtigungen durchführen

Viele haben mit der Akquisition von Aufträgen ein Problem. Im Verkauf und vor allem im Außendienst tätige Deutsche reagieren auf die Frage, was sie denn beruflich täten, eher verdruckst. Man muss also zunächst einmal zu sich und der mit dem Beruf verbundenen Verkaufstätigkeit stehen, um erfolgreich zu sein.

Dabei wird das Verkaufen zukünftig wohl nicht leichter. Eine Bundesratsinitiative aus Hamburg, der sich inzwischen auch die Landesregierung von Nordrhein-Westfalen angeschlossen hat, will das Prinzip „Wer den Makler bestellt, zahlt" gesetzlich verankern. Die maximal zwei Nettokaltmieten soll der Auftraggeber zahlen. Das könnte zur Folge haben, dass Immobilieneigentümer die Vermarktung ihrer Objekte verstärkt auf eigene Faust versuchen oder an den Maklerprovisionen zu drehen gedenken. Wer sich hier als Makler durchsetzen will, muss sich des Wertes seiner Dienstleistung bewusst sein. Und er muss vor allem dem Privatveräußerer als seinem potenziellen Auftraggeber klar machen können, dass sich „Betongold" nicht immer so leicht versilbern lässt, wie er meint.

2.1 Preis und Wert von Dienstleistungen

Die Preisspanne, die Menschen für eine Dienst- bzw. Beratungsleistung zahlen, ist meist um ein Vielfaches höher als die Spanne, die sie für ein Produkt zu zahlen bereit sind. Dafür gibt es drei gute Gründe:

1. Preisvergleiche sind schwierig, denn Dienstleistungen werden in der Regel nicht Seite an Seite wie im Katalog oder in Anzeigen angeboten.
2. „Gleiche" Dienstleistungen gibt es nicht, weil sie grundsätzlich personengebunden sind, also von der Qualifikation des individuellen Dienstleisters abhängen.

3. Der Wert einer Dienstleistung ist für den Kunden/Auftraggeber meist wesentlich höher als der Preis. Ein Beispiel: Man fotokopiert ein Schriftstück, statt eine Kopie abzutippen. Ist die Zeitersparnis nur die acht Cent Kopierkosten wert? Preis und Wert sind zwei völlig verschiedene Sachverhalte.

Und das gilt ganz besonders für das Honorar bzw. die Provision von Beratern, also auch von Immobilienmaklern. Wer einmal im Leben eine Immobilie zu veräußern hat, ist meist völlig überfordert: Welcher Kaufpreis ist angemessen? Wo sind die steuerlichen Fallstricke? Was ist, wenn der Käufer nicht zahlt oder gar eine Rückabwicklung vollzogen werden muss? Wie schützt man sich vor Mietnomaden? Unkenntnis und Ahnungslosigkeit können sehr teuer werden. Hier muss der Immobilienmakler mit seiner sozialen Intelligenz ebenso wie mit seiner Fachkompetenz ansetzen, um die Kunden von sich und dem Wert seiner Arbeit zu überzeugen.

In den nun folgenden Kapiteln sind Informationen und Tipps zu finden, um ein gutes und erfolgreiches Akquisitionsgespräch mit Immobilieneigentümern bzw. Vermietern zu führen.

2.2 Drei Grundsätze für Verkaufsgespräche

Es waren die Jesuiten, die die Sprachfertigkeit und Argumentationskunst perfektionierten und die deshalb in Diskussionen und Debatten noch heute unschlagbar sind. Das Markenzeichen der Jesuiten ist die Dialektik, die Kunst der „bezwingenden“ Argumentation. Dazu später noch mehr.

Wer Menschen in Präsentationen, Verkaufsgesprächen oder Verhandlungen für sich gewinnen und überzeugen will, sollte sich an den folgenden Jesuiten-Regeln orientieren:

Alterozentriert sein!

Achten Sie mehr auf den Menschen, mit dem Sie sprechen bzw. den Sie überzeugen wollen, als auf sich selbst. Die Kernfrage lautet: Mit wem habe ich es zu tun? Der Begriff „alterozentriert“ (lateinisch alter = der andere) meint also eine psychische Grundeinstellung, bei der das Ziel und der andere Mensch im Mittelpunkt stehen und nicht eigene Befindlichkeiten oder gar Eitelkeiten. Wer sich beispielsweise gern reden hört – also lieber auf Sendung als auf Empfang ist – verstößt gegen das Prinzip der Alterozentrierung. Es gilt, mit dem Kopf des Adressaten zu denken, und genau das ist ja schließlich die Kunst des Marketings.

Einwandfrei und auf Augenhöhe kommunizieren!

Formulieren und argumentieren Sie sachlich richtig und adressatengerecht. Die Kernfrage lautet: Kommt das, was ich sage, auch so an, wie ich es meine? Eine der ältesten Regeln der Rhetorik lautet: Es ist egal, was du sagst – entscheidend ist, wie es ankommt. Es geht darum, Missverständnisse zu vermeiden, die einen Adressaten verärgern oder durch die er sich gar beleidigt fühlt.

Emotionen ansprechen!

Beachten Sie, dass Sie einen Menschen nur überzeugen können, wenn keine emotionalen Widerstände vorhanden sind. Die Kernfrage lautet: Berücksichtige ich die Bedürfnisse, Erwartungen, Stimmungen und eventuellen Eitelkeiten meines Gesprächspartners?

Der erste Widerstand ist der sogenannte „Antipathiewiderstand“. Was immer man auch sagt, es wird vom Adressaten sofort negativ besetzt. So mancher Verkäufer hat sich den Antipathiewiderstand durch die Art seines Auftretens selbst zuzuschreiben. Der eine wirkt zu forsch, ein anderer arrogant und der nächste trägt einen Brillanten im Ohrläppchen, der nicht von jedem Kunden geschätzt wird. Nicht selten entsteht der Antipathiewiderstand durch (vermeintliche) Besserwisserei. Wer anderen einen Fehler oder Irrtum nachweist, macht sich damit nicht unbedingt Freunde.

Neben dem Antipathiewiderstand gibt es noch den rationalen Widerstand. Ein Privatverkäufer hat beispielsweise andere Informationen über den aktuellen Immobilienmarkt bzw. bewertet diesen anderes als man selbst. In der Regel ist dieser Widerstand unproblematisch, wenn man die oben zitierte Empfehlung beherzigt und die Fehleinschätzungen so aus der Welt schafft, dass der Gesprächspartner dies nicht als „Niederlage“ bzw. Gesichtsverlust empfindet.

Und dann gibt es noch jene Form von Widerstand, die auf Gefühlen und Interessen des Gesprächspartners gründet. Es gibt Menschen, die Fakten und Daten nicht wahr haben wollen, weil sie ihnen nicht in den Kram passen. Die Maxime lautet, dass nicht sein kann, was nicht sein darf. Natürlich werden sie das niemals zugeben und rational argumentieren. Wenn man jetzt als Verkäufer sachliche Gegenargumente anführt, wird man kaum erfolgreich sein. Es ist besser, sich zunächst einfühlsam und diskret um die Sorgen und Befürchtungen seines Gesprächspartners zu kümmern und ihm dann eine Brücke zu einer anderen Sichtweise zu bauen. Dazu sind rhetorische Fertigkeiten gefragt.

2.3 Rhetorik: Die Kunst der gewinnenden Rede

Es reicht nicht aus, Fachkenntnisse und gute Argumente zu haben — man muss diese auch sprachlich gefällig verpacken.

Hier sind nun die wichtigsten rhetorischen Gestaltungsmittel, die entscheidend darüber bestimmen, wie die eigenen Botschaften ankommen. Wer mag, kann sich von jemandem, der es gut mit einem meint, mit Hilfe der jeweils angefügten Skalen einschätzen lassen.

Die Stimme

Insbesondere am Telefon ist die Stimme wie ein Fenster, in dem man für andere sichtbar wird. Nimmt man eine schlaffe Körperhaltung ein, so klingt man meist eher gelangweilt und wird dementsprechend eingeschätzt. Wer wach und munter ist, klingt auch so und vermittelt anderen dieses Bild von sich. Die Telefonwirkung wird also nicht nur von der Wortwahl, dem Sprechtempo und der Lautstärke bestimmt, sondern auch von der Körperhaltung, die man während des Telefonierens einnimmt. Wer aufrecht sitzt und ein freundliches Gesicht macht, wirkt positiver.

Die Stimme eines Menschen kann man unter vier Aspekten betrachten und bewerten:

Klang

optimistisch						depressiv
+++	++	+	Ø	-	- -	- - -

Diverse Untersuchungen belegen, dass die Klangfarbe der Stimme eines Menschen nicht nur organisch bestimmt ist, sondern auch von der seelischen Befindlichkeit abhängt. Wer mental gut drauf ist, klingt eben anders als jemand, der in ein Kundengespräch mit der Erwartung geht, dass sowieso nichts dabei herauskommt. In der Psychologie unterscheidet man zwischen „erfolgsorientierten" Menschen, die sich in eine Bewährungssituation mit einer positiven Grundhaltung begeben, und den „misserfolgsorientierten" Menschen, die von der Angst vor dem Scheitern beseelt sind. So klingen dann auch die Worte. Verkaufserfolge haben viel mit Psychohygiene zu tun.

Lautstärke

sehr laut						zu leise
+++	++	+	Ø	-	- -	- - -

Lautstärke und Stärke sind nicht dasselbe. Trotzdem muss man sich als Berater bzw. Makler Gehör verschaffen. Aus Prüfungen ist bekannt, dass unvorbereitete Kandidaten besonders leise reden, weil sie hoffen, damit ihre Ahnungslosigkeit verbergen zu können. Sich hörbar zu äußern ist das eine und selbstverständlich, aber die Variation der Lautstärke kann ein gutes rhetorisches Gestaltungsmittel sein.

Sprechgeschwindigkeit

angenehm						zu schnell
+++	++	+	Ø	-	- -	- - -

Auch hier gibt es die Erfahrung, dass Menschen, die inhaltlich auf dem falschen Fuß erwischt werden, ihren Sprachfluss beschleunigen. Vermutlich in der Hoffnung, dass die anderen dem Tempo nicht folgen können und deshalb die vorliegende Unkenntnis eines Sachverhaltes gar nicht bemerken. Auch hier liegt die Wirkung in der Variation — eine gleichbleibende Sprechgeschwindigkeit wirkt so ermüdend wie eine lange Autofahrt bei unverändertem Tempo.

Modulation

angenehm						eintönig
+++	++	+	Ø	-	- -	- - -

Die wirkungsvolle Durchführung einer Hypnose besteht in einer modulationsfreien, das heißt also einer einschläfernden Ansprache des Probanden. Aber das kann ja nicht das Ziel von Akquisitionsgesprächen und Verhandlungen sein.

Die Sprache

Der Erfolg in Kommunikationsberufen — und der Maklerberuf ist ein Kommunikationsberuf — hängt in erheblichem Maße vom gekonnten Umgang mit der Sprache ab. Dies sind die wichtigsten Wirkfaktoren:

Wortwahl

zielgruppengerecht						nicht zielgruppengerecht
+++	++	+	Ø	-	- -	- - -

Seit 2013 heißt die Gebühreneinzugszentrale GEZ „Beitragsservice von ARD, ZDF und Deutschlandradio“. Diese Wortwahl soll dem Zweck dienen, das miese Image der alten Institution „GEZ“ vergessen zu machen. Wenn Unternehmen ihr Preisgefüge „bereinigen“ oder die Preise „anpassen“, geht es nach den bisherigen Erfahrungen darum, eine Erhöhung der Preise zu kaschieren. Aber die Wortwahl dient natürlich nicht nur der Verschleierung missliebiger Absichten, sondern zunächst einmal dem Bedürfnis, seine Gesprächspartner überhaupt zu erreichen. Dabei geht es nicht darum, die deutsche Sprache von Fremdwörtern oder Anglizismen rein zu halten, sondern um eine adressatengerechte Wahl der Wörter. Wer wie selbstverständlich den Begriff „Due-Diligence“ im Gespräch mit jemandem verwendet, der das erste Mal eine Immobilie verkaufen möchte, wird sich ebenso von seinem Gesprächspartner abkoppeln wie jemand, der einem erfahrenen Immobilieneigentümer ausführlich erklärt, was es mit einer Due-Diligence-Prüfung auf sich hat.

Aussprache

deutlich						undeutlich
+++	++	+	Ø	-	- -	- - -

Viele Menschen, die sich dessen, was sie sagen, nicht sicher sind, fangen an zu nuscheln. So kann man freilich einen Standpunkt nicht sicher und psychologisch wirkungsvoll vertreten, wodurch die Aussichten auf einen geschäftlichen Erfolg sinken.

Formulierungsunarten („äh“)

keine						viele
+++	++	+	Ø	-	- -	- - -

Perfektion treibt dem Leben das Mark aus den Knochen. In diesem Sinne ist der absolut makellos auftretende Verkäufer jemand, an dem man als Kunde meist nur hilflos abrutschen kann. Glattheit führt nicht unbedingt zum Erfolg, schon gar nicht im Verkauf. Im Gegenteil: Ein Verkäufer, der gar nicht „menschelt“, macht misstrauisch. Und mit dem Begriff „Menscheln“ ist kein verständnisinniges Gehabe gemeint, sondern manchmal einfach eine kleine Unebenheit im Auftreten. Wenn der Nachrichtensprecher sich verhaspelt, stellen wir fest, dass wir es nicht mit einem Sprechautomaten, sondern mit einem Menschen aus Fleisch und Blut zu tun haben. Das kann manchmal ganz wohltuend sein und dem Betroffenen sogar Sympathiepunkte einbringen. Dies gilt auch für die oben thematisierten Formulierungsunarten. Sprechen ist eben nicht schreiben, und es gibt Sprachmarotten, die durchaus liebenswürdig sein können. Man darf es eben nur nicht übertreiben. Wer jeden neuen Satz mit „äh" startet, darf für den Tag dankbar sein, an dem ihn jemand darauf aufmerksam macht, um das abzustellen.

Der Körper

Die Rolle des Körpers in der Kommunikation wird unter dem Begriff „Kinesik" zusammengefasst, der von dem amerikanischen Anthropologen Ray Birdwhistell begründet wurde. Seit Jahrzehnten werden eigens Seminare zum Thema Körpersprache angeboten, da sicher zu Recht angenommen werden kann, dass die Art und Weise, wie der Körper „spricht" bzw. das gesprochene Wort begleitet, die Wirkung der Kommunikation beeinflusst. Das sind die wichtigsten körpersprachlichen Elemente:

Blickkontakt

oft						kaum
+++	++	+	Ø	-	- -	- - -

Einer der ältesten Charaktertests besteht darin zu prüfen, ob ein Mensch einem in die Augen schauen kann. Im Grunde braucht es hier keine großen wissenschaftlichen Untersuchungen, um zu mutmaßen, dass jemand, der während der Darlegung seines Anliegens die Zimmerdecke fixiert, ein Kontakt- und vielleicht sogar ein Glaubwürdigkeitsproblem hat.

Gestik

Inwieweit stimmt sie mit dem Redeinhalt überein?

ja						nein
+++	++	+	Ø	-	- -	- - -

Eine Wendeltreppe lässt sich per Handbewegung – also ohne Worte – bekanntlich am einfachsten beschreiben. Aber Gesten dienen nicht nur der Illustration oder Akzentuierung (Faust auf den Tisch) von Sachverhalten, sondern verraten auch etwas über die Glaubwürdigkeit des persönlichen Auftritts. Wer sich mit fahrigen Händen als geeigneter Bewerber für einen qualifizierten Alleinauftrag empfiehlt, hat weniger gute Karten. Aber genau hier kann man sich von wohlwollenden Mitmenschen helfen lassen, sich solcher verräterischer Gesten bewusst zu werden.

Mimik

Inwieweit stimmt auch sie mit dem Redeinhalt überein?

ja						nein
+++	++	+	Ø	-	- -	- - -

Das Gesicht gilt als Spiegel der Seele. Wer mit einer missmutigen Miene einen Besichtigungstermin mit potenziellen Kunden abwickelt, wertet im Zweifelsfall das zu veräußernde oder zu vermietende Objekt ab, und wer mit herunterhängenden Mundwinkeln sich seiner bisherigen Erfolge rühmt, wirkt wenig überzeugend.

Haltung

nicht störend						störend
+++	++	+	Ø	-	- -	- - -

Der Körper redet immer mit – dies gilt auch für die Sitzhaltung. Meist haben Männer hier die größeren Probleme. Keine gute Figur gibt man ab mit

1. lang ausgestreckten Beinen,
2. auf den Tisch abgestützten Ellenbogen,
3. verschränkten Armen,
4. dem in einer Hand „ruhenden" Kopf,
5. der Hand vor dem Mund,
6. einem lässig im Stuhl „abhängenden" Körper,
7. auf dem Tisch lang ausgebreiteten Armen und
8. lässig hinter dem Kopf verschränkten Armen.

Letzteres hat eine besonders katastrophale Wirkung.

Ein uralter Rat lautet, man solle sich hin und wieder gedanklich neben sich stellen oder setzen und das eigene Verhalten beobachten.

Übersprungsbewegungen

kaum						häufig
+++	++	+	Ø	-	- -	- - -

Die hier dargestellten rhetorischen Gestaltungsmittel sind in ihrer Begrifflichkeit selbsterklärend. Aber was ist mit „Übersprungsbewegungen" gemeint? Der Begriff stammt vom Hühnerhof. Wenn der Hahn die Henne nicht einholen konnte, pickt er erfahrungsgemäß unmotiviert und sinnlos auf dem Boden herum, denn da liegen gar keine Körner. Diese „Übersprungsbewegung" zeigt im Seelenleben des Gockels einen Konflikt an: Ist es sinnvoll, die Verfolgung der Henne erneut aufzunehmen, oder wäre es vielleicht besser, sich ein anderes Huhn zu suchen? Man könnte meinen, dass es sich um eine Verlegenheitsgeste handelt.

Um zum Homo sapiens zurückzukommen: Auch der Mensch neigt zu „Übersprungsbewegungen", wenn er sich unter Druck fühlt bzw. in eine Konfliktsituation geraten ist. Die einen kratzen sich am Kopf, andere greifen nach der Kaffeetasse wie nach einem Rettungsanker, Brillenträger nesteln an ihrer Brille herum und manche fahren abrupt mit dem Oberkörper nach vorn. Für den guten Beobachter sind dies durchaus verräterische Gesten, er kann daraus auf die Wichtigkeit des Themas für den Sprechenden schließen. Übersprungsbewegungen signalisieren einen kleinen Adrenalinausstoß, der so etwas wie eine „Steinzeitreaktion" bewirkt — der Organismus wird auf Angriff oder Flucht eingestellt. Da beides zum Beispiel im Verkaufsgespräch kaum möglich ist, wird die bereitgestellte Energie über Gesten abgeleitet.

2.4 Der Aufbau eines Akquisitionsgespräches

Ein Akquisitionsgespräch sollte sorgfältig geplant sein, dennoch darf man sich nicht allzu sehr auf diesen Plan versteifen. Man weiß schließlich nie, wie der Gesprächspartner reagiert, wie sehr er beispielsweise auf eigenen Vorstellungen beharrt oder ob er guter oder schlechter Stimmung ist und sich davon leiten lässt. Solche Unwägbarkeiten werden auch Friktionen genannt. Wer nicht flexibel ist, sondern stur an seinem Plan festhält, wird scheitern.

Nichtplanung ist genauso schlecht wie Totalplanung

Was können solche „Friktionen" im Verkauf sein, die alle Planung über den Haufen werfen?

- Man muss auf seinen Gesprächspartner warten und sorgt sich um den nächsten Termin, der eventuell nicht einzuhalten ist.
- Man hat sich auf einen einzelnen Gesprächspartner eingestellt, und dann taucht die halbe Erbengemeinschaft auf.
- Der Gesprächspartner teilt einem mit, dass er weniger Zeit als ursprünglich geplant habe.
- Der Gesprächspartner hat überhaupt keine Ahnung oder irrige Vorstellungen vom Immobiliengeschäft.
- Der Gesprächspartner hat eine hervorragende Marktkenntnis, aber keine Zeit, um sich um die Abwicklung des Verkaufs zu kümmern.
- Der Gesprächspartner erzählt einem, dass er eigentlich bereits einen Käufer habe.

- Der Gesprächspartner gibt einem gar nicht die Chance, sich persönlich zu präsentieren, sondern arbeitet einen Fragenkatalog ab, den man zu beantworten hat.

Ein weiteres unvorhersehbares Störmanöver mag in dem Umstand gründen, dass der potenzielle Kunde schlecht gefrühstückt hat. Auch im Geschäftsleben spielen Stimmungen und Launen eine Rolle, und natürlich gibt es Kunden, die sich gern auf Kosten des Verkäufers seelisch stabilisieren. Zeitgenossen, die sonst wenig zu melden haben, spielen sich erfahrungsgemäß besonders gern als „König Kunde" auf.

Wie also soll man es mit der Planung von Verkaufsgesprächen halten, wenn so viel dazwischen kommen kann? Nichtplanung ist auf diese Frage eine ebenso schlechte Antwort wie Totalplanung. Spontaneität ist wunderbar, aber auch Spontaneität muss wohlüberlegt sein. Und deshalb braucht man im Zweifelsfall neben Plan A auch noch Plan B oder C. Das ist Flexibilität.

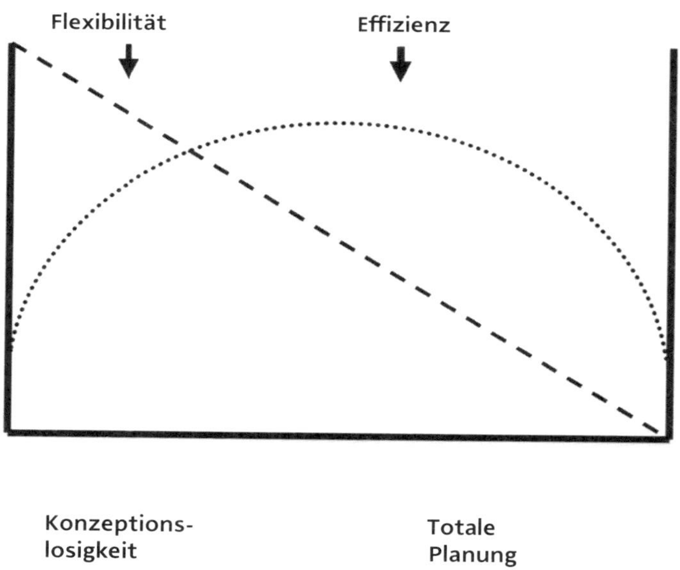

Abb. 6: Planung, Flexibilität, Effizienz

Starttechniken für Verkaufsgespräche

Wer beim Zuknöpfen eines Hemdes das erste Knopfloch verfehlt, kommt mit dem Rest nicht mehr zurande. Diese banale Alltagserfahrung sollte man beherzigen, wenn man beispielsweise die Chance erhalten hat, sich bei einem potenziellen Kunden vorzustellen und diesen vom eigenen Leistungsprofil zu überzeugen. So wie man startet, liegt man später im Rennen.

Kompetente Journalisten kennen und nutzen fünf verschiedene Starttechniken, die man auch im Verkauf sinnvoll variieren kann. Nicht nur für den Gesprächsanfang, sondern auch für die Überleitung zu weiteren Gesprächsphasen.

1. Direkttechnik

Als berühmtestes Beispiel für diese Starttechnik gilt Homer mit seinem Epos „Ilias“ (Trojanischer Krieg). Er geht in medias res, kommt also ohne Umschweife zum Thema. Wer so startet, fällt mit der Tür ins Haus.

Es gibt Gesprächspartner, die eine tiefe Abneigung gegen Zeitdiebe haben und deshalb diese Vorgehensweise schätzen, wobei natürlich Zeit für die Begrüßung und ein kurzes Warming-up bleibt. Die platte Erkundigung nach dem werten Befinden oder ob man denn schon im Urlaub gewesen sei bzw. wohin man denn zu reisen gedenke, garantieren aber mit Sicherheit einen schlechten Start ins Verkaufsgespräch. Beispiele für die Direkttechnik sind:

- Herr Maier, um mein Leistungsprofil kurz darzulegen, darf ich Ihnen zunächst einige Referenzen nennen. Zu meinen ausgewählten Kunden zähle ich unter anderem … .
- Ich komme gleich auf den Punkt: Die Wohnlage Ihres Objektes liegt nach meiner Einschätzung zwischen ‚gute Lage‘ und ‚Bestlage‘.
- Ich habe mich natürlich bereits mit der Makro- und Mikrolage Ihres Objektes befasst und bin zu folgender Einschätzung gelangt: … .
- Schön, dass es zu einem zweiten Gespräch gekommen ist. Ich möchte Ihnen heute kurz ein Exposé vorlegen, mit dem wir vermeiden, dass es zu einem Besichtigungstourismus kommt, sondern nur… .

2. Aufhängertechnik

Bei dieser Technik wird ein Stichwort gewählt, das eine gute Grundlage sowohl für den Gesprächseinstieg als auch für die weitere Entwicklung des Gespräches abgibt. Beispiele für die Aufhängertechnik sind:

- Wir haben eine historisch günstige Zinssituation. Das heißt, dass ... .
- Der Immobilienmarkt ist zurzeit ein Verkäufermarkt. Dennoch könnte es riskant sein, darauf zu spekulieren, dass sich die Preisspirale weiter nach oben dreht.
- My home is my castle. Dieser Grundsatz spielt auch in Deutschland eine immer größere Rolle und befeuert den Immobilienmarkt. Vor diesem Hintergrund möchte ich gern mit Ihnen ... .

3. Gedankenreiztechnik

Diese Startmethode will Spannung aufbauen. Man fragt sich, worauf der Verkäufer eigentlich hinaus will, bis es dann — etwa wie bei einem guten Witz — zur Auflösung kommt. Beispiele für die Gedankenreiztechnik sind:

- Immobilienberater: Spielen Sie Tennis?
  Auftraggeber: Ja — mit Begeisterung.
  Immobilienberater: Im Immobilienmarkt heißt es zurzeit ‚Vorteil Verkäufer'. Ich werde Sie dabei unterstützen ... .
- Immobilienberater: Die Zeit ist das kostbarste Gut, das wir Menschen haben. Sie lässt sich leider nicht vermehren. Ich kann Sie vor Zeitdieben schützen, die Interesse an Ihrem Objekt vortäuschen oder gar nicht in der Lage sind, den angemessenen Kaufpreis aufzubringen.
- Auftraggeber: Warum sollte ich ausgerechnet Ihnen einen Alleinauftrag erteilen?"
  Immobilienberater: Mein Credo lautet: Wer rät, gerät hinein. (Pause). Wenn ich Sie gut berate, fahre ich auch gut, und wenn ich Sie schlecht berate, fahre auch ich nicht gut.

4. Referenztechnik

Bei dieser Technik wird auf ein persönliches Erlebnis oder beispielsweise auf das Ergebnis einer Untersuchung Bezug genommen. Beispiele für die Referenztechnik sind:

- Bei der erfolgreichen Abwicklung meiner Aufträge in diesem Jahr ist mir aufgefallen, dass ... .
- Einer vom Immobilienverband Deutschland durchgeführten Maklerbefragung zufolge wird die Nachfrage nach Wohneigentum weiter steigen. Dies bedeutet für Sie als Privatverkäufer ... .
- Hamburg gehört zu jenen Wohnungsmärkten, die ... .
- Es wird mittelfristig ein Zuzug von 400.000 qualifizierten Arbeitnehmern aus südeuropäischen Ländern erwartet. Das bleibt nicht ohne Folgen für den Wohnungsmarkt.

5. Fragetechnik

Wer fragt, führt, motiviert und strukturiert das Gespräch. Fragetechniken spielen in der Gesprächsführung eine wichtige Rolle und eignen sich sowohl für die Eröffnung eines Gespräches als auch für die Überleitung in eine neue Gesprächsphase. Beispiele für den Start mit einer Frage sind:

- Was erwarten Sie von einem Immobilienmakler?
- Welche Vorstellungen haben Sie bezüglich des Verkaufs Ihres Hauses?
- Wie schätzen Sie Ihre Immobilie ein?
- Ich habe Ihr Objekt ja in Augenschein genommen. Was macht Ihre Immobilie nach Ihrer Einschätzung für potenzielle Käufer besonders interessant?

Das sind die zeitlosen Starttechniken für Vorträge, Präsentationen, Zeitungsartikel und Verkaufsgespräche. Welche nun besonders zielführend ist, hängt von Ihrem Gesprächspartner ab und von den Rahmenbedingungen, die Sie vorfinden. Wenn man sich aufgrund einer aktuellen Pressemitteilung über den Immobilienmarkt für die Referenztechnik entschieden hat, kann es durchaus sinnvoll sein, sich spontan für einen anderen Gesprächsbeginn zu entscheiden. Etwa: „Sie haben hier ja für Hamburger Verhältnisse eine komfortable Parklatzsituation. Das wissen Mieter bekanntlich sehr zu schätzen."

Und selbstverständlich muss man damit rechnen, dass man mit seiner favorisierten Starttechnik gar nicht zum Zuge kommt, weil der potenzielle Auftraggeber sie selbst verwendet.

2.5 Kundenwünsche und -vorstellungen ermitteln

Immobilienverkäufer gelten allgemein als geldgierig. Einmal aber abgesehen davon, dass es nicht unanständig ist, jenen Preis realisieren zu wollen, den der Markt hergibt — und das ist im Berufsleben nicht anders —, spielen insbesondere beim Verkauf eines Hauses manchmal auch emotionale Faktoren hinein.

Wer in jungen Jahren unter Entbehrungen ein Eigenheim finanziert hat und dies aufgrund des erreichten finanziell nicht üppig ausgestatteten Rentenalters, der Schrumpfung der Familie oder einer Ehescheidung veräußern muss, wird dies nicht gerade leichten Herzens tun. Oder man denke an eine Immobilie, die sich seit Generationen im Familienbesitz befindet und nun nicht mehr zu halten ist. Oder an die Erbengemeinschaft, die auf einen Verkauf drängt. Ein wenig Herzblut kann da durchaus im Spiel sein, und der potenzielle Käufer wird mehr oder weniger einer „Charakterprüfung“ unterzogen, ehe ihm die Immobilie anvertraut wird. Es gibt nicht wenige Immobilienverkäufer, die den Anblick ihres früheren Eigentums nicht ertragen können, weil es durch Umbaumaßnahmen des Käufers „verunstaltet“ wurde.

Eine guter Immobilienberater braucht also nicht nur Fachwissen, sondern auch Hintergrundwissen rund um das Objekt, den Verkäufer und dessen Wünsche, Vorstellungen und Befürchtungen. Und damit sind die Überlegungen bei den Fragetechniken angelangt, die jeder Berater beherrschen sollte.

Vom Monolog zum Dialog

Fragen zeigen Interesse und befördern damit eine positive Gesprächsmoral. Seit den Tagen des Sokrates hat sich daran nichts geändert. Der griechische Philosoph gilt als Erfinder der „Hebammentechnik“, die in einem ständigen und unvoreingenommenen Fragen und Weiterfragen besteht und dabei zur wahren Erkenntnis führt.

Die Informationsfrage

Diese Frageform dient dazu, die Vorstellungen, Motive, Wünsche und Befürchtungen des Partners in Erfahrung zu bringen. Die Informationsfrage wird überwiegend mit den Fragewörtern „Wer“, „Wie“, „Was“, „Wieso“, „Weshalb“, „Warum“ etc. eingeleitet. Sie steht vorzugsweise am Beginn eines Verkaufsgespräches bzw. leitet zu weiteren Gesprächsphasen über.

Informationsfragen sind meist „offene“ Fragen, die mit dem Buchstaben W anfangen. Man spricht in diesem Zusammenhang auch von „kriminalistischen“ Fragen, den sogenannten „7-W-Fragen“, die in den forensischen Interviewtechniken eine Rolle spielen: „Wer hat was wo wann getan, wie, womit und warum?“ Der Vorteil der offenen Fragen besteht darin, dass man Informationen bekommt, die über ein Ja oder Nein hinausgehen, und dass sie frei von Suggestionen sind. Die offene Frage „Wo waren Sie gestern Abend?“ regt zum Nachdenken an und lässt viele Antwortmöglichkeiten zu, während die geschlossene Frage „Waren Sie gestern Abend zuhause?“ auf ein Ja oder Nein abzielt. Beispiele zur Informationsfrage:

- Welche Erfahrungen haben Sie bisher mit Maklern gemacht?
- Was erwarten Sie von einem Immobilienberater?
- Welche zeitlichen Vorstellungen haben Sie hinsichtlich des Verkaufs Ihres Hauses?
- Welche Medien haben Sie bisher genutzt, um Ihre Immobilie zu vermarkten?

Die Suggestivfrage

Die Suggestivfrage ist eine Frage mit bereits eingebauter Antwort. Sie will den Gesprächspartner zur unmittelbaren Bestätigung der geäußerten Meinung bringen. Etwa: „Sie sind doch auch der Meinung, dass Sie bei solch einem hochwertigen Objekt einen Makler beauftragen sollten?“ Was ist, wenn der potenzielle Auftraggeber mit den Worten „Soweit sind wir noch lange nicht!“

reagiert? Und vielleicht merkt er noch zynisch an, dass man heute bereits der dritte Makler sei, der ihm mit Suggestivfragen käme, und ob wohl alle das gleiche Verkaufsseminar besucht hätten. Dieser Fragetypus ist also riskant, weil die eingebaute Antwort auf Widerspruch treffen könnte und dann die Gesprächsatmosphäre beschädigt ist. Wenn überhaupt, sollte man sie nur bei unsicheren Verhandlungspartnern und wohl dosiert verwenden. Und natürlich gilt es aufzupassen, dass man nicht selbst Opfer von Suggestivfragen wird. Beispiele für Suggestivfragen sind:

- Sicher sind Sie doch auch der Meinung, dass uns keine neue Immobilienblase bevorsteht?
- Befürchten Sie nicht, dass Sie die Abwicklung des Verkaufs in Eigenregie zeitlich in Schwierigkeiten bringen könnte?
- Meinen Sie nicht, dass es angesichts Ihrer Zeitvorstellung besser wäre, einen Alleinauftrag zu vergeben?
- Können Sie Ihre Erreichbarkeit für Kaufinteressenten wirklich immer gewährleisten?

Die Auswahlfrage

Durch diesen Fragentyp wird eine freie Gedankenäußerung eingeschränkt, weil der Gesprächspartner sich zwischen zwei Alternativen zu entscheiden hat. Vor allem unsicheren Partnern gibt man damit eine Entscheidungshilfe. Was und wie fragt der geschulte Kellner, der bei einem Pärchen nach der sich endlos hinziehenden Essensbestellung die Getränkeabfrage zügig abhandeln möchte? Er fragt: „Darf ich Ihnen zu Ihrer Menüwahl einen trockenen oder einen eher lieblichen Wein servieren?“ Die Gäste sollen gar nicht auf die Idee kommen, eine Cola zu bestellen, denn der Wein – egal ob trocken oder lieblich – bringt die Rendite. Mit Auswahlfragen kann man ein Gespräch steuern und gibt dem Gesprächspartner dennoch das Gefühl, das Gesetz des Handelns auf seiner Seite zu haben. Beispiele zu Auswahlfrage:

- Wollen wir uns über Ihre Preisvorstellungen unterhalten oder zunächst eine Zielgruppenanalyse machen?

- Ich werde Ihr Verkaufsobjekt mit den geeigneten Marketingmaßnahmen präsentieren. Möchten Sie möglichst viele Anfragen und Besichtigungstermine generieren oder soll der Grundsatz ‚Klasse statt Masse' Vorrang haben?
- Möchten Sie Ihr Objekt möglichst schnell veräußern oder gibt es keinen besonderen Zeitdruck?
- Möchten Sie einen oder mehrere Ansprechpartner haben?
- Soll ich Sie über alle meine Aktivitäten auf dem Laufenden halten, oder ziehen Sie es vor, nur über Ergebnisse informiert zu werden?

Die Umwegfrage

Umwegfragen werden gestellt, wenn es wenig bringt, direkt auf das Frageziel zuzusteuern. Etwa: „Sind Sie Alkoholiker?" Oder: „Sind Sie finanziell in Not?" Oder: „Stehen Sie mit dem Verkauf unter Zeitdruck?" Auf solche Fragen kann man in der Regel keine ehrliche Antwort erwarten. Man muss das Frageziel folglich indirekt angehen, um zu einer einigermaßen realistischen Einschätzung zu kommen. Beispiele für Umwegfragen:

- Bis zu welchem Termin möchten Sie den Verkauf gern unter Dach und Fach bringen?
- Ihr Objekt konkurriert natürlich mit anderen Angeboten. Wie elastisch ist Ihre Preisvorstellung?
- Sie haben ja einen fordernden Vollzeitjob. Der lässt gewiss wenig Freiraum für zusätzliche Termine.

Die Gegenfrage

Die Gegenfrage wird angewendet, um die Initiative zurückzugewinnen. Gegenfragen beziehen sich auf vom Partner gestellte Fragen, um einen Einwand abzufangen, weitere Informationen zu bekommen oder um Zeit zu gewinnen. Wie reagiert der Prüfling, der die vom Professor gestellte Frage nicht beantworten kann? Er bittet um Wiederholung der Frage. Mit dieser Taktik – die jeder Prüfer freilich kennt – ist gegebenenfalls schon einmal Zeit gewonnen. Beispiele für Gegenfragen:

- Da stimme ich Ihnen zu. Aber haben Sie sich gefragt, wie viel Zeit Sie für die Suche nach einem passenden Mieter investieren müssen, die Sie an anderer Stelle gewinnbringender einsetzen könnten?
- Natürlich, der Käufer möchte gern die Maklerprovision umgehen, und deshalb ist der Kauf vom Eigentümer für ihn gegebenenfalls interessant. Aber kann es nicht auch sein, dass er den Makler fürchtet, weil dieser die Interessen des Verkäufers auch zum eigenen Nutzen konsequent wahrnimmt?
- Kunde: Warum sollte ich mich an Sie mit einem Alleinauftrag binden? Makler: Wie wichtig ist für Sie eine schnelle Veräußerung Ihres Objektes zu einem guten Preis?

Nun sind die Kundenwünsche und Kundenvorstellungen exakt ermittelt, und es stellt sich heraus, dass nichts zusammenpasst. Der potenzielle Auftraggeber, insbesondere als Privatverkäufer, hat abenteuerliche Vorstellungen über die Abwicklung eines Immobiliengeschäftes, keine Ahnung vom Markt, unrealistische Preisvorstellungen und will offenbar immer Recht haben. Hier sind Widerstände und Konflikte so gut wie sicher, und deshalb sollte man die wichtigsten Techniken zur Konfliktvorbeugung und Einwandbehandlung kennen.

Kundenwünsche: Die Bedürfnispyramide nach Maslow

Die von dem amerikanischen Psychologen Abraham Maslow entwickelte Theorie der Bedürfnishierarchie spielt in der Betriebswirtschaftslehre, insbesondere im Bereich Human Resources, eine bedeutende Rolle. Die Frage, welche Bedürfnisse und Motive Kunden antreiben bzw. bewegen, ist natürlich im Verkauf und Vertrieb wichtig.

Maslow geht davon aus, dass menschliche Bedürfnisse in fünf Stufen hierarchisch angeordnet sind, wobei höhere Bedürfnisse erst dann relevant werden, wenn niedrigere befriedigt sind.

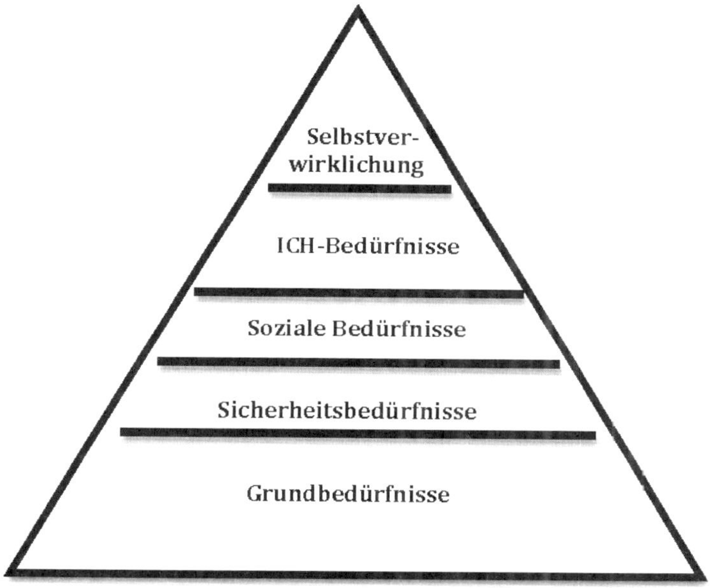

Abb. 7: Bedürfnispyramide nach Maslow

1. **Grundbedürfnisse: Sauerstoff, Nahrung, Getränke, Ruhe, Schlaf, Sexualität**
   Anspruch des Kunden bei Anmietung bzw. Erwerb einer Immobilie: ein Dach über dem Kopf.
2. **Sicherheitsbedürfnisse: Schutz vor Existenzbedrohung, Bewahrung der Gesundheit, Sparverhalten, Altersversorgung, stabile Umwelt**
   Anspruch des Kunden bei Anmietung bzw. Erwerb einer Immobilie: Keine finanziellen Risiken eingehen, sicheres Wohnumfeld (Kriminalitätsrate, Wohngifte, Elektrosmog durch Funkmasten etc.)
3. **Soziale Bedürfnisse: Freundschaft, Liebe, Gruppenzugehörigkeit**
   Anspruch des Kunden bei Anmietung bzw. Erwerb einer Immobilie: „geselliges" soziales Umfeld, gute Nachbarschaft, interessante Treffpunkte im Quartier
4. **ICH-Bedürfnisse: Anerkennung, Geltung, Prestige**
   Anspruch des Kunden bei Anmietung bzw. Erwerb einer Immobilie: gehobene Wohnlage, beeindruckende Optik und Ausstattung

5. **Selbstverwirklichung: Ausleben der eigenen Möglichkeiten, Erfüllung eines ideellen Lebenstraumes, Kreativität**
   Anspruch des Kunden bei Anmietung bzw. Erwerb einer Immobilie: Das Objekt soll unverwechselbar, individuell und Ausdruck einer Lebenseinstellung sein.

2.6 Einwände elastisch abfedern

Das Ziel eines jeden Akquisitionsgespräches ist der Konsens. Das lateinische Wort „consensus" meint, etwas Gemeinsames im Sinn haben. Wenn dies am Ende des Verkaufsgespräches erreicht ist und die Übereinstimmung auch während der Zusammenarbeit anhält, hat man als Berater einen guten Job gemacht und darf mit einer Weiterempfehlung rechnen. Aber Kunden sind nicht immer so wie sie sein sollten, und deshalb prallen bisweilen gegensätzliche Vorstellungen aufeinander.

Hier kommt es schnell zu Konflikten, die derart eskalieren können, dass man sich am Ende von der Sachebene verabschiedet und manchmal nur noch um die Wahrung des Gesichts kämpft. Dann gibt es oft nur Verlierer.

Deshalb kennt jeder gute Verkäufer einige Techniken, mit denen sich Widerstände einhegen und gegensätzliche Auffassungen versöhnen lassen.

Die Ja-und-Methode

Dieses Verfahren ist eine Form der bedingten Zustimmung. Es wird aber zusätzlich ein eigener Standpunkt eingebracht, der an das (Gegen-)Argument des Partners anschließt. Beispiele für die Ja-und-Methode:

- Ich kann Ihre Preisvorstellung sehr gut verstehen. Und bei dieser Gelegenheit sollten wir noch einmal darüber nachdenken, inwiefern die Preisforderung den Verkauf des Hauses verzögern könnte und welche Folgen dies gegebenenfalls hat.
- Okay. Lassen wir diese Zahl erst einmal so im Raume stehen und schauen wir uns den Markt etwas genauer an.

- Ich verstehe, dass Sie kurzfristig verkaufen möchten, und genau deshalb sollten wir uns noch einmal mit der Möglichkeit eines qualifizierten Alleinauftrags befassen.

Die Bumerang-Methode

Die Bumerang-Methode ist sinnvoll, wenn der Einwand in ein gutes Gegenargument umzumünzen ist. Diese Vorgehensweise kann besonders wirkungsvoll sein, weil sie direkt das Problem behandelt, das der Kunde mit seinem Einwand anspricht. Beispiele für die Bumerang-Methode:

- *Kunde*: Eigentlich habe ich für solche Gespräche gar keine Zeit.
  Makler: Nichtgeführte Gespräche kosten leider häufig die meiste Zeit.
- *Kunde*: Ihr Exposé ist mir nicht attraktiv genug. Das muss in der Ansprache noch peppiger werden, damit wir eine hohe Resonanz bekommen. Ich möchte schnell verkaufen und nicht wochenlang Interessenten mit schmutzigen Schuhen im Haus haben.
  Makler: Wenn wir die Interessenten auf die falsche Fährte locken, haben Sie hier von morgens bis abends sinnlose Besichtigungstermine.
- *Kunde*: Ich werde den Verkauf erst einmal selbst versuchen. Die potenziellen Käufer werden gern die Maklerprovision sparen, und das erleichtert es mir, den gewünschten Verkaufspreis zu realisieren. Wenn ich nicht weiterkomme, melde ich mich wieder bei Ihnen.
  Makler: Das würde mich freuen. Aber bedenken Sie, dass ein Objekt, das zu lange am Markt angeboten wird, bald als Ladenhüter gilt. Der Markt ist durch das Internet sehr transparent geworden.

Auf Eis legen

Diese Methode wird angewandt, wenn ein Einwand zu früh auf ein Thema zielt. Man möchte es erst später behandeln, weil es bis dahin durch die eigene Argumentation besser vorbereitet ist. Man sollte das „Auf Eis legen“ möglichst begründen und natürlich kann man nicht ständig ein Thema nach hinten verschieben, weil es einem gerade nicht in den Kram passt. Beispiele für das „Auf Eis legen“:

- *Kunde*: Ihre Provision von sechs Prozent — und dann kommt ja noch die Umsatzsteuer obendrauf — dürfte den Verkauf des Objektes nicht gerade leichter machen.
  Makler: Über die Provision wird natürlich noch zu reden sein. Lassen sich mich zunächst einmal kurz skizzieren, welche Leistungen Sie von mir erwarten können.
- *Kunde*: Damit wir uns gleich richtig verstehen: Unter 800.000 gehe ich nicht.
  Makler: Ich werde für Sie einen guten Verkaufspreis erzielen. Das ist ja meine Aufgabe. Lassen Sie uns aber zunächst über Ihre zeitlichen Vorstellungen und vor allem über das Objekt selbst sprechen. Und dann kommen wir auch auf einen für Sie interessanten und angemessenen Preis.
- *Kunde*: Vor Mietnomaden können Sie mich auch nicht bewahren.
  Makler: Einmietbetrüger sind ein Problem. Ich würde dieses Stichwort von Ihnen gern aufgreifen: Welche Vorstellungen haben Sie bezüglich eines neuen Mieters?

Vorwegnehmen

Diese Technik besteht darin, ein sehr wahrscheinliches (Gegen-)Argument des Kunden anzusprechen und gleich zu entkräften. Es geht hier darum, das Heft des Handelns zu behalten — also zu agieren, statt reagieren zu müssen. Beispiele für das Vorwegnehmen:

- Natürlich könnten Sie jetzt befürchten, dass die Einschaltung eines Maklers aufgrund der zusätzlichen Kosten potenzielle Interessenten abschreckt. Aber das sind nach meiner Erfahrung sowieso die Falschen, die nur Zeit kosten.
- Ich weiß, Sie kennen mich noch gar nicht, und die Zusammenarbeit mit einem Makler ist Vertrauenssache. Ich darf Ihnen deshalb vorab einmal einige Referenzen benennen.
- Vielleicht haben Sie Sorge, die Sache ganz aus der Hand zu geben und damit keine Kontrolle mehr über die Abwicklung zu haben. Diese Sorge ist unbegründet, denn ich werde Sie selbstverständlich regelmäßig, rechtzeitig und umfassend über den Stand der Dinge informieren.

Die Gegenfrage

Diese Technik der Einwandbehandlung — sie wurde ja bereits im Kapitel „Fragetechniken" besprochen — wird angewendet, um die Initiative zurückzugewinnen. Gegenfragen beziehen sich auf vom Partner gestellte Fragen, um

- einen Einwand abzufangen,
- weitere Informationen zu bekommen und
- gegebenenfalls Zeit zu gewinnen.

Man sollte Gegenfragen wohl dosiert einsetzen, weil sie unhöflich wirken können. Beispiele für Gegenfragen:

- *Kunde*: Ich möchte möglichst schnell den richtigen Käufer finden. Können Sie mir dabei helfen?
  Makler: Sicher. An welchen Zeitrahmen denken Sie denn?
- *Kunde*: Mit Ihrer Einschätzung zur Lage des Objektes bin ich gar nicht einverstanden. Wie sind Sie eigentlich zu dieser Bewertung gekommen?
  Makler: Welche Punkte stören Sie denn besonders?
- *Kunde*: Sehen Sie Schwierigkeiten, diesen Mietpreis zu realisieren?
  Makler: Welchen Spielraum können Sie sich denn gegebenenfalls vorstellen?

Zum Abschluss noch eine Anmerkung zu Einwänden und Vorwänden, die Verkäufern bisweilen das Leben schwer machen. Diese beiden Hindernisse auf dem Weg zum Abschluss unterscheiden sich ganz erheblich.

Was Einwände bedeuten können

- Die Leistungsfähigkeit des Maklers wird geprüft.
- Fragen zur Leistungsfähigkeit sind noch offen.
- Es besteht ein grundsätzliches Interesse am Angebot des Maklers, denn andernfalls würde man sich mit Einwänden nicht mehr aufhalten.
- Man wird als Verkäufer/Berater anerkannt.

- Selbstprofilierung des (potenziellen) Kunden („Mir wird auch nichts geschenkt!").
- Psychologische Vorbereitung der Preisverhandlung, wenn beispielsweise die Provision geteilt werden soll.

Einwände zeigen in der Regel einen mitdenkenden Gesprächspartner, von dem man grundsätzlich schon einmal akzeptiert wird.

Aber was sind typische Vorwände seitens eines potenziellen Kunden, der gar keinen Abschluss machen möchte bzw. kann? Typische Vorwände sind, dass man die Angelegenheit nicht allein entscheiden wolle, erst noch andere Familienmitglieder befragen müsse oder dass man noch andere Gespräche führen und sich danach melden werde. Und damit hat sich die Sache meist erledigt.

2.7 Praktische Menschenkenntnis

Man kann die Menschheit vermutlich in zwei Hälften einteilen. Die eine Hälfte macht die Beobachter aus und die andere Hälfte besteht aus jenen Zeitgenossen, die sich grundsätzlich eher beobachtet fühlen. Natürlich ist der Beobachter in Sachen „sozialer Kompetenz" den sich beobachtet Fühlenden überlegen. Beobachter, die beispielsweise zu spät zu einer Konferenz erscheinen, erkennen beim Betreten des Raumes sofort, wo ein vorteilhafter Sitzplatz zu haben ist, während sich beobachtet Fühlende zunächst mit der Frage befassen, ob die Krawatte richtig sitzt oder der Rock keine Falten geworfen hat — und stolpern über eine auf dem Boden abgestellte Tasche.

Wer in einem Beruf mit erheblichen Kommunikationsaufgaben — und dazu gehört der Beruf des Immobilienberaters — erfolgreich sein will, muss ein guter Beobachter und damit Menschenkenner sein. Er muss einen ausgeprägten Blick für das haben, was ein Mensch von sich zeigt. Aber genau hier beginnt das Problem, wie viel von dem Sichtbaren ist echt oder eben doch nur Fassade.

Der Ausgangspunkt der praktischen Menschenkenntnis ist die rechte Betrachtung des Äußeren und der Äußerlichkeiten — und zwar mit einer gehörigen Portion an Vorsicht vor eilfertigen Schlüssen und Urteilen. Das ist die Herausforderung für jeden, der im zwischenmenschlichen Kontakt gern wissen möchte, woran er ist, und es ist zugleich eine Absage an jene, die angeblich todsichere, aber unseriöse Schleichwege in die Seele anbieten. Es gibt sie nicht. Was bleibt, ist eben die „pupillarische Methode", das gekonnte „In-Augenschein-Nehmen".

Wer die eigene Menschenkenntnis entwickeln möchte, muss zunächst ein guter Beobachter sein und dann aus dem Beobachteten die richtigen Schlüsse ziehen. Aber worauf ist zu achten? Es gibt Menschen, die intuitiv sehr schnell erfassen, woran sie bei jemandem sind, und sofort eine herzliche Abneigung gegen diese andere Person empfinden – aber auch häufig gründlich daneben liegen. Deshalb soll hier eine Typologie in Erinnerung gerufen werden, die mancher Leser zumindest schon vom Hörensagen kennt und die gut geeignet ist, die Aufmerksamkeit bei der charakterlichen Betrachtung eines Menschen in die richtige Richtung zu lenken.

Die Typologie der Temperamente

Vieles von dem, was gestern galt, stimmt heute nicht mehr, aber was heute lautstark verkündet wird, ist auch nicht immer richtig. Wer seinem gesunden Menschenverstand folgen möchte, hat die Erfahrung gemacht, dass sich Menschen hinsichtlich ihres Temperaments unterscheiden. Die einen sind emotional schnell auf der Zinne, andere bleiben auch bei Turbulenzen gleichmütig. Und dann gibt es Zeitgenossen, denen man alles aus der Nase ziehen muss, während andere einem ein Ohr abkauen. Die Psychologie bietet hier eine bewährte Systematik an, die bei der Beurteilung der Persönlichkeit von Gesprächs- und Verhandlungspartnern hilfreich sein kann.

Wenn man sich fragt, wie und wo Menschen sich unterscheiden, kommt man zunächst auf das Soziale: Wie verhält sich ein Individuum gegenüber seinen Mitmenschen, also zur Gemeinschaft? Zwei grundsätzliche Persönlichkeitseigenschaften lassen sich hier voneinander abgrenzen: „Extraversion" und „Introversion".

Extraversion heißt, dass ein Mensch dem Kontakt anderen gegenüber aufgeschlossen ist und diesen sucht. Ein introvertierter Mensch ist dagegen jemand, der sich eher abwartend verhält und sozialen Kontakten keinen sonderlich hohen Stellenwert einräumt.

Beide Tendenzen lassen sich nicht grundsätzlich als vorteilhaft oder unvorteilhaft bewerten – es kommt auf die Aufgaben an, die zu bewältigen sind. Wer einen Job anstrebt oder hat, der mit einem intensiven Kundenkontakt verbunden ist bzw. häufige und anspruchsvolle Kommunikationsaufgaben beinhaltet, sollte vom Naturell her extravertiert sein. Die Devise, dass Klappern zum Geschäft gehört, entspricht nicht unbedingt dem Standpunkt des Introvertierten. Andererseits ist das Klischee falsch, dass der erfolgreiche Verkäufer ein Ausbund an Redseligkeit sei.

Ein weiteres Merkmal, in dem sich Menschen erheblich unterscheiden und das bei der hier vorzustellenden Systematik der Persönlichkeit eine wichtige Rolle spielt, ist die „emotionale Belastbarkeit". Diese Eigenschaft wurde eingangs ja bereits als Voraussetzung für die Tätigkeit des Immobilienberaters beschrieben.

Der deutschstämmige britische Psychologe Hans Jürgen Eysenck konnte recht gut belegen, dass die Merkmale Extraversion bzw. Introversion und das Ausmaß der seelischen Belastbarkeit nicht nur ganz entscheidend die Persönlichkeit und damit das Verhalten eines Menschen bestimmen, sondern er konnte auch nachweisen, dass diese Eigenschaften unabhängig voneinander sind. In diesem Sinne kann ein Introvertierter sowohl psychisch stabil als auch labil sein, und das Gleiche gilt für den Extravertierten. Im Extremfall ergeben sich aus der Kombination dieser Persönlichkeitsfaktoren vier Temperamente, die bereits in der Antike bekannt waren und mit den Bezeichnungen Choleriker, Melancholiker, Phlegmatiker und Sanguiniker belegt wurden. Das folgende Schaubild illustriert die Zusammenhänge:

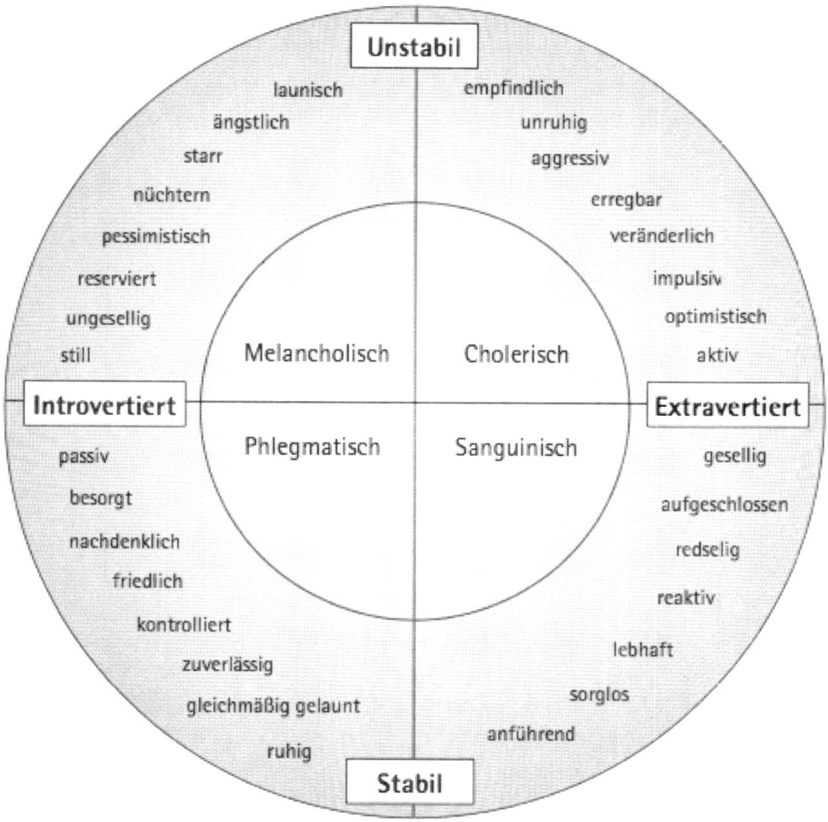

Abb. 8: H. J. Eysencks Persönlichkeitsdimensionen und das antike Schema nach Galen

Der Psychologe Peter R. Hofstätter verdeutlicht in seinem Titel „Differentielle Psychologie" recht anschaulich das Typische an den vier Temperamenten. Er versetzt den Leser gedanklich ins Gebirge auf eine Serpentine, die durch einen Steinschlag versperrt ist. Wie verhalten sich die Temperamente angesichts dieses unerwarteten und vor allem lästigen Hindernisses auf dem Weg zu ihrem Ziel?

Der Choleriker wird aufgrund seiner seelischen Instabilität ausrasten und sich mit Brachialgewalt und ohne Plan an dem Hindernis abnutzen. Da er extravertiert ist, lässt er verbal Dampf ab und reagiert sich — wenn er Macht hat — an anderen ab. Der Choleriker neigt dazu, sich auf Kosten seiner Mitmenschen seelisch zu stabilisieren.

Aber es gibt auch das Gute im Schlechten: Der Choleriker kann für ein sprichwörtlich reinigendes Gewitter sorgen. Wo alle auf Taubenfüßen daher kommen, weil sie Angst davor haben, in ein Fettnäpfchen zu treten, stößt der Choleriker es vorsätzlich weg. Das kann manchmal sinnvoll sein, man muss dabei allerdings festes Schuhwerk tragen.

Nun steht ein Melancholiker vor dem Hindernis. Er wird an der Erreichung seines Zieles zweifeln und seine Probleme in sich hineinfressen. Besonders unverbesserliche Melancholiker ergehen sich in Selbstvorwürfen — „Das geschieht mir Recht!" — und neigen dazu, persönliche Kalamitäten masochistisch auszukosten.

Zum melancholischen Temperament neigen auch jene Bedenkenträger, deren Grundhaltung auf den Satz „Das wird sowieso nichts!" gebracht werden kann. Aber auch hier gibt es manchmal das Gute im Schlechten: Hochleistungsteams brauchen einen „Advocatus Diaboli", also jemanden, dessen Begeisterungsfähigkeit sich vom Naturell her in Grenzen hält und der deshalb eher die Stolpersteine auf dem Weg zum Ziel sieht. Sowohl bei der sich anbahnenden Internet-Blase um die Jahrtausendwende als auch angesichts der sich abzeichnenden Finanzkrise im Jahr 2007 hätte man auf fachlich versierte Schwarzseher hören sollen, anstatt sie als Querulanten zu diffamieren.

Der Phlegmatiker — stabil und introvertiert — gilt als der „Philosoph" unter den Temperamenten. Sein Credo angesichts misslicher Umstände lautet: Ruhe ist die erste Bürgerpflicht! Um einem Missverständnis vorzugreifen: Der Phlegmatiker ist nicht zwingend faul, denn faul können alle hier beschriebenen Temperamente sein. Im Zweifelsfall ist der Phlegmatiker ein Dickbrettbohrer, einer, der sich nicht so schnell von seinem Weg abbringen lässt, sondern diesen beharrlich verfolgt.

Phlegmatiker sind als Verhandlungspartner meist besonders schwierig, weil man etwa im Vergleich mit dem Choleriker nicht weiß, woran man ist. Er hat sich perfekt unter Kontrolle und das Gesicht bleibt auch im Konfliktfall so lebhaft wie das einer Schildkröte.

Nun steht — um im Bild zu bleiben — ein Sanguiniker vor dem Hindernis, der ja der Logik dieses Systems folgend extravertiert und seelisch stabil ist. Er wird gemäß seiner Grundhaltung, dass Herausforderungen beherzt und optimistisch anzunehmen sind, sich ans Werk machen und andere animieren, munter mitzumachen. Im Extremfall nehmen solche Menschen an Hochzeiten teil, obwohl sie gar nicht eingeladen sind, und haben auch sonst immer ihre Finger im Teig. Der Sanguiniker findet grundsätzlich das Gute im Schlechten und will seine Mitmenschen gern davon überzeugen. In Verkaufs- und Beratungsgesprächen muss man aufpassen, das Heft in der Hand zu behalten bzw. überhaupt zum Zuge zu kommen.

Das war jetzt ein Holzschnitt in Sachen Persönlichkeitstypologie, denn natürlich gibt es Abstufungen und Mischformen. Bei den meisten Menschen lässt sich allerdings eine Tendenz ausmachen — mal geht es eher in Richtung Introversion und mal in Richtung Extraversion. Das gilt auch für die seelische Stabilität.

Test: Extraversion oder Introversion?

Wem es gelingt, seinen Gesprächs- und Verhandlungspartner einigermaßen richtig einzuschätzen, weiß auch, wie mit ihm umzugehen ist. Wer mag, kann das ja schon einmal bei sich selbst testen.

ARBEITSHILFE ONLINE

1. Ich mache gewöhnlich den Anfang, wenn es darum geht, neue Bekanntschaften zu schließen. ☐ stimmt ☐ dazwischen ☐ stimmt nicht	
2. Schweigen ist Gold! Es fällt mir gar nicht schwer, diesen Grundsatz zu beherzigen. ☐ stimmt ☐ dazwischen ☐ stimmt nicht	
3. Freunde haben mir schon mal vorgeworfen, dass ich Gesprächsthemen gern an mich reiße. ☐ stimmt ☐ dazwischen ☐ stimmt nicht	

4. Ich gehe sehr gern allein spazieren. ☐ stimmt ☐ dazwischen ☐ stimmt nicht	
5. Es gefällt mir, wenn ich die Lacher auf meiner Seite habe. ☐ stimmt ☐ dazwischen ☐ stimmt nicht	
6. Wenn man Probleme hat, sollte man erst einmal versuchen, diese für sich zu klären. ☐ stimmt ☐ dazwischen ☐ stimmt nicht	
7. Meine Devise lautet: Nur sprechenden Menschen kann geholfen werden! ☐ stimmt ☐ dazwischen ☐ stimmt nicht	
8. Ein Abend mit spannender Lektüre ist mir meist lieber als eine gesellige Runde mit Freunden und Bekannten. ☐ stimmt ☐ dazwischen ☐ stimmt nicht	
9. Zu meinen Schwächen zähle ich, anderen manchmal ins Wort zu fallen. ☐ stimmt ☐ dazwischen ☐ stimmt nicht	
10. Sozialkompetenz heißt für mich zuallererst, ein guter Zuhörer zu sein. Und deshalb halte ich mich lieber zurück. ☐ stimmt ☐ dazwischen ☐ stimmt nicht	
11. Ich bin lieber „auf Sendung“ als „auf Empfang“. ☐ stimmt ☐ dazwischen ☐ stimmt nicht	
12. Im Zweifelsfall warte ich ab, bis andere auf mich zukommen bzw. mich ansprechen. ☐ stimmt ☐ dazwischen ☐ stimmt nicht	
Summe	

So werten Sie den Test aus

Bei den Fragen im Test mit den ungeraden Zahlen notieren Sie in der Spalte rechts, wenn Sie „stimmt“ angekreuzt haben, 2 Punkte. Für die Antwort „stimmt nicht“ gibt es 0 Punkte.
Genau umgekehrt ist es bei den Testfragen mit graden Nummern: Haben Sie „stimmt nicht“ angekreuzt, geben Sie sich 2 Punkte, für die Antwort „stimmt“ 0 Punkte.

Wenn Sie „dazwischen“ angekreuzt haben, geben Sie sich — egal bei welcher Frage — immer 1 Punkt.
Dann addieren Sie die Punkte und lesen hier die Bedeutung Ihrer jeweiligen Punktzahl nach:

Interpretation

24 — 16 Punkte	Sie beschreiben sich als einen Menschen, der gern auf andere zugeht und mit ihnen kommuniziert. Es ist Ihnen nicht fremd, im Zweifelsfall in sozialen Situationen den größeren Redeanteil für sich zu beanspruchen. Ein Beruf mit hohem Kommunikationsaufwand dürfte gut passen.
15 — 8 Punkte	Ihr Motto könnte „Reden und reden lassen“ lauten. Sie müssen nicht zu allem und jedem ihren Kommentar abgeben, sorgen aber dafür, dass Sie in sozialen Situationen wahrgenommen werden. Ihnen liegen eher Aufgaben, in denen strategisch-konzeptionelle Leistungen zu erbringen sind, deren Ergebnisse Sie dann allerdings auch gern kommunizieren.
7 — 0 Punkte	Ihrem Naturell entspricht eher die Rolle des Zuhörers und Beobachters. Wo andere im Eifer erst reden und dann denken, verfahren Sie umgekehrt. Eher introvertierte Menschen sind gut geeignet für Berufe, in denen in hohem Maße analytisch gearbeitet werden muss.

Der „Lexikalische Ansatz“ in der Persönlichkeitspsychologie

Die älteste Methode, die Persönlichkeit eines Menschen zu erfassen, besteht darin, einer Person Eigenschaftswörter zuzuschreiben. Die jedermann zugängliche Umgangssprache spiegelt nun einmal soziale Realitäten wider und damit auch jene Differenzen zwischen Menschen, die beruflich und gesellschaftlich von Belang sind. Menschen erkennen und benennen diese umso stärker, je bedeutsamer diese Differenzen sind. Dies ist die Begründung für den interessanten Lexikalischen Ansatz in der Persönlichkeitspsychologie.
Der Eignungsdiagnostiker Fritz Ostendorf reduzierte eine Gesamtliste von 5160 personenbeschreibenden Adjektiven auf eine repräsentative Stichprobe von 430 Begriffen. In der folgenden Liste finden sich einige typische Beispiele:

abwartend	aggressiv	agil	angespannt
arbeitsfreudig	argwöhnisch	aufgeschlossen	ausgeglichen
bedrückt	beharrlich	belastbar	deprimiert
dickköpfig	durchsetzungsfähig	ehrgeizig	eigensinnig
einsam	entschlossen	extravertiert	flexibel
friedfertig	froh	konsequent	kontaktfreudig
konzentriert	kommunikationsstark	kooperativ	kreativ (etc.)

In weiteren Untersuchungen zeigte sich, dass Ostendorfs 430 Adjektive fünf Faktoren abbilden, die entscheidend die Persönlichkeit und damit auch den Lebenserfolg eines Menschen bestimmen. In die Literatur und Praxis sind diese Faktoren auch als die „Big Five" eingegangen. Diese lauten in ihrer Rangfolge wie folgt:

1. Extraversion/Introversion
2. Emotionale Belastbarkeit
3. Soziale Intelligenz
4. Verträglichkeit
5. Gewissenhaftigkeit

2.8 Umgang mit schwierigen Gesprächspartnern

Wie geht man mit eher schwierigen Zeitgenossen um? Das ist nicht unbedingt leicht: Man muss sie zunächst richtig einschätzen, und dann finden sich meist auch die angemessenen Mittel, um zu einem ergebnisorientierten Einvernehmen zu kommen bzw. seine Ziele zu erreichen. Wer allerdings durch sein ungeschicktes Verhalten dazu beiträgt, dass der Gesprächspartner sein Gesicht verliert, muss mit „Rache" rechnen.

Mit schwierigen Gesprächspartnern erfolgreich kommunizieren

Da eine erfolgreiche Gesprächsführung von der richtigen Beurteilung des Gegenübers abhängt, muss man zunächst die Frage beantworten, warum sich jemand auf eine bestimmte Weise verhält bzw. verhalten wird. Es ist wie in einer Arztpraxis: Erst kommt die Diagnose, dann die Therapie. Ist die Diagnose falsch, kann die Therapie nicht richtig sein.

ARBEITSHILFE ONLINE

Umgang mit schwierigen Gesprächspartnern

Warum ist er so?	Wie sollte man ihn behandeln?
(„Diagnose“)	(„Therapie“)
Der Schwätzer	
▪ langatmig ▪ abschweifend ▪ oberflächlich ▪ Selbstbezogen	▪ ausreden lassen ▪ Stichworte aufgreifen, die zum Thema passen ▪ zielgerichtete Fragen stellen
Der Wortkarge	
▪ zugeknöpft ▪ reserviert ▪ zeigt wenig Reaktion ▪ introvertiert	▪ offene (W-)Fragen stellen ▪ konzentrierte Aufmerksamkeit schenken ▪ Äußerungen bestätigen
Der Misstrauische	
▪ stellt alles in Frage ▪ vermutet hinter allem etwas ▪ liegt auf der Lauer ▪ schlechte Erfahrungen gemacht	▪ Transparenz herstellen ▪ rechtzeitig, regelmäßig und umfassend informieren ▪ positive Beispiele bringen
Die Mimose	
▪ empfindlich ▪ fühlt sich schnell angegriffen ▪ Selbstzweifel ▪ wunde Seele	▪ auf den Ton achten ▪ verletzungsfrei kommunizieren (auf die Wortwahl achten) ▪ ermutigen und bestätigen

ARBEITSHILFE ONLINE

Umgang mit schwierigen Gesprächspartnern

Der Besserwisser	
▪ überheblich ▪ selbstbezogen ▪ muss immer recht behalten ▪ sucht Bestätigung	▪ Recht geben, wo es den eigenen Interessen nicht schadet ▪ Bedürfnis nach Bestätigung befriedigen
Der Nörgler	
▪ unzufrieden ▪ Pessimistisch ▪ hat an allem etwas auszusetzen ▪ verfehlter Lebensentwurf	▪ Klagemauer spielen ▪ negative Sichtweise teilen, wo sie einem nicht schadet ▪ positive Aspekte aufweisen
Der Pedant	
▪ kleinlich ▪ „Wortklauber" ▪ risikoscheu ▪ absichernd	▪ präzise informieren und formulieren ▪ bis ins letzte Detail ausgearbeitetes Exposé vorlegen ▪ keine „Ungefährlösungen"

2.9 Die Erfolgsformel: „Sehen, was Sache ist"

Ein wesentlicher Teil des menschlichen Verhaltens und Fehlverhaltens wird durch die Wahrnehmung bestimmt. Wahrnehmungsfehler und Wahrnehmungsdefizite führen zur falschen Bewertung der Verhältnisse und damit meist zu Konflikten. Besonders problematisch sind dabei die unterschiedlichen Sichtweisen. Die sind oft der Ausgangspunkt für Reibereien und Meinungsverschiedenheiten.

Wahrnehmungspsychologie

Die Wahrnehmung, besonders im zwischenmenschlichen Bereich, ist keineswegs ein fotografisch-objektives Registrieren der Wahrnehmungsgegenstände. Unsere Sinne können uns täuschen, sie sind zahlreichen Korrekturen, Störungen und Fehlern unterworfen, die ihrerseits bestimmten Gesetzmäßigkeiten gehorchen. Diese Gesetzmäßigkeiten liegen in drei Bereichen, dem neurologisch-physiologischen, dem individual-psychologischen sowie dem sozialpsychologischen Bereich, die sich naturgemäß überlagern.

Wahrnehmungsfehler im neurologisch-physiologischen Bereich

Die bekannte Müller-Lyer'sche Täuschung zeigt, wie uns das Gehirn vorgaukelt, dass Linie B länger als Linie A sei.

Abb. 9: Die Müller-Lyer'sche Täuschung

Das Gleiche gilt für die Hering'sche Paralleltäuschung, bei der wir keine Parallelen erkennen, obwohl sie eindeutig da sind.

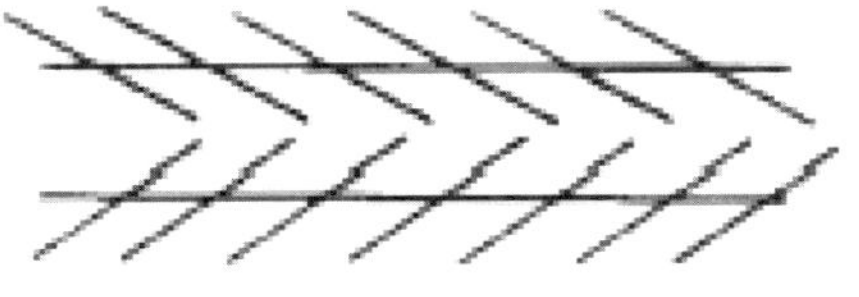

Abb. 10: Die Hering'sche Täuschung

Die Täuschungen kommen dadurch zustande, dass zur Kerninformation – die horizontalen Linien – weitere Informationen hinzugefügt werden, die die gesamte Optik scheinbar verändern. Wenn Menschen unterschiedliche Informationen haben, kommt es eben oft zu verschiedenen Wahrnehmungen bzw. man täuscht sich hinsichtlich der wirklichen Gegebenheiten

Wahrnehmungsfehler im individual-psychologischen Bereich

Liebe macht blind – der Volksmund ist manchmal ein guter Lehrmeister der Psychologie. Wenn die Zeit der großen Leidenschaft vorbei ist, werden Partner scharfsichtiger und entdecken am Anderen Dinge, die sie vorher nicht bemerkt haben. Das gilt auch für Geschäftsbeziehungen, die einmal harmonisch begannen und dann in eine emotionale Schieflage geraten. So manche Anwaltskanzlei, Gemeinschaftspraxis oder Beratersozietät scheitert, weil die Partner aneinander immer mehr Fehler entdecken. Wenn sich solch eine selektive Wahrnehmung erst einmal in den Köpfen festgesetzt hat, kommen die handelnden Personen aus eigener Kraft aus ihrer Lage, die vor allem durch wechselseitige Vorwürfe und Gegenvorwürfe gekennzeichnet ist, nicht mehr heraus.

Kurzum: Wir schauen auf bestimmte Gegenstände, ignorieren bestimmte Personen, bisweilen sehen wir einfach weg. Was wir tatsächlich wahrnehmen, hängt oft von unseren Erwartungen, Bedürfnissen, Interessen und Motiven ab. Wer das Bedürfnis hat, an einem Menschen etwas Tadelnswertes zu finden, muss nicht lange danach suchen.

Interessant ist in diesem Zusammenhang ein Experiment (Abb. 11: Vexierbild) das der Autor mit der hier abgebildeten Karikatur durchgeführt hat. Sie wurde ohne jegliche Vorinformation bzw. Beeinflussung studentischen Versuchspersonen mit der Bitte vorgelegt, ihren ersten Eindruck zu benennen.

Abb. 11: Vexierbild

Das Resultat war eindeutig. Fast alle sahen auf Anhieb einen Glatzkopf oder einen Mann mit einem Zwicker auf der Nase. Nur wenige meinten, eine Maus zu erkennen.

Nun zur zweiten Versuchsgruppe, die vorbehandelt wurde, indem mit den Probanden vorab über eine verbale Entgleisung von Franz-Josef Strauß diskutiert wurde, der 1980 linke Schriftsteller als Ratten und Schmeißfliegen beschimpft hatte. Nach der Diskussion sollten die Versuchspersonen das obige Bild beurteilen und — was nicht verwunderlich ist — sahen mehrheitlich eine Ratte. Deshalb ist bei der Schlichtung von Konflikten bzw. aus Gründen der Konfliktvorbeugung unbedingt darauf zu achten, dass allen Parteien die gleichen Informationen vorliegen.

Ein weiteres individual-psychologisches Wahrnehmungsphänomen besteht darin, dass unklare Wahrnehmungsgegenstände — meist unbewusst — gestaltet bzw. mit Sinn aufgeladen werden.

Was passiert, wenn im Betrieb keiner so richtig weiß, wie es weiter geht? Personalabbau? Werksschließungen? Eigentümerwechsel? Wenn der offizielle Kommunikationskanal versagt, entsteht ein inoffizieller — der Flurfunk mit all seinen Mutmaßungen und Gerüchten. Menschen möchten wissen, woran sie sind, und notfalls hilft die Fantasie von selbst nach. Der Tintenklecks von dem Schweizer Psychoanalytiker Hermann Rorschach ist ein sinnloses und zufällig entstandenes Gebilde, und doch fällt es dem Betrachter nicht schwer, Sinn hineinzuinterpretieren.

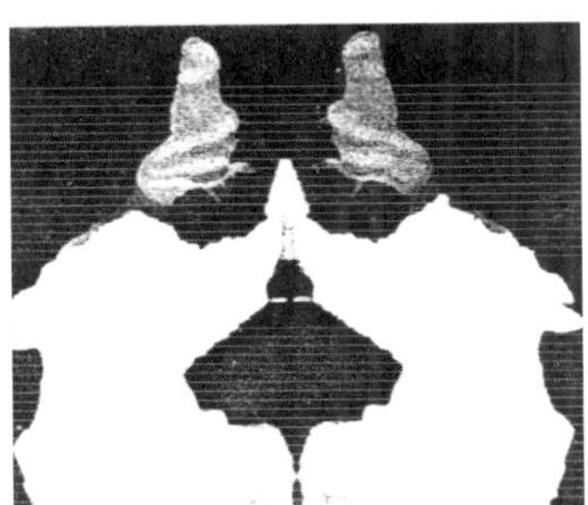

Abb. 12: Beispiel aus dem Rorschach-Test

Wer sich also unklar verhält, wird das Opfer von Deutungen und Unterstellungen, die meist wenig schmeichelhaft sind. Der klare Auftritt ist eine entscheidende Voraussetzung für erfolgreiche Akquisitions- bzw. Kundengespräche.

Zum Schluss ist noch eine letzte wahrnehmungspsychologische Falle zu nennen, die in der Persönlichkeit des Betrachters gründet: die Akzentuierung. Hier geht es um die Betonung einer bestimmten Sichtweise auf Kosten anderer möglicher Sichtweisen. Symbolisch gesprochen: Sieht eine Person eher das Licht oder eher den Schatten? Werden die Risiken oder die Chancen eines Deals akzentuiert? Jede Einseitigkeit kann schädlich sein.

Wahrnehmungsfehler im sozialpsychologischen Bereich

Was wir und wie wir die Dinge sehen, hängt auch davon ab, was andere sehen bzw. zu sehen meinen. Wenn immer mehr Medien vor einer drohenden Immobilienblase warnen, steigt die Anzahl jener, die ihrerseits immer mehr Anzeichen für eine negative Marktentwicklung erkennen. In der Sozialpsychologie spricht man vom Konformitätsdruck, der Menschen dazu bringt, sich von der eigenen Urteilskraft zu verabschieden und sich der Meinung der Vielen anzuschließen.

Nicht nur von der Mehrheitsmeinung, sondern auch vom Dafürhalten von Personen, die mit einer entsprechenden Positionsmacht versehen sind, geht für manche eine Suggestivkraft aus, der sie schnell erliegen können. Was ist leichter, auf einem sachlich wohlbegründeten Standpunkt als Immobilienberater gegenüber einem Eigentümer zu beharren, der gerade eine halbe Häuserzeile geerbt hat, oder sich gegenüber einem Kunden argumentativ durchzusetzen, der eine Zwei-Zimmer-Wohnung vermieten möchte?

Sowohl für das Akquisitionsgespräch als auch im weiteren Umgang mit Kunden gilt, sich weder vom schönen Schein blenden zu lassen, noch voreilig vom äußeren Erscheinungsbild eines Interessenten darauf zu schließen, dass dieser sich das fragliche Objekt sowieso nicht leisten könne. Es gibt Menschen, die trotz ihres Erfolges einen bescheidenen Auftritt pflegen.

Beurteilungsfehler in der Personenwahrnehmung

- **Mildefehler/Strengefehler:** Man spricht hier auch vom „Großzügigkeitsfehler". Der Beobachter und Beurteiler wertet das Verhalten bzw. die Leistungen anderer Menschen grundsätzlich positiv, weil er keinem wehtun möchte. Mit der Wirklichkeit hat das Ergebnis dann meist nichts mehr zu tun, und man weiß auch nicht, woran man ist. Das unangenehme Pendant des „Mildefehlers" ist der „Strengefehler". Er basiert auf der Haltung, es auch nicht leicht im Leben gehabt zu haben. Kunden, die in diese Richtung neigen, haben den Nachteil, dass man ihnen nichts recht machen kann.
- **Zentraltendenz:** In diesem Falle lautet das diagnostische Urteil tendenziell Mittelmaß. Der Zentraltendenz folgen Beurteiler, denen der Mut fehlt, sich klar zu äußern. Extremurteile haben ja einen gewissen Aufmerksamkeitswert und erfordern im Zweifelsfall eine besondere Begründung. Manche Kunden vermeiden es grundsätzlich, die Leistung ihres Beraters zu sehr zu würdigen, weil dieser sich eventuell zu sicher fühlen und in der Folge weniger anstrengen könnte.
- **Halo-Effekt:** Bei diesem Fehler lässt man sich von einem einzelnen Merkmal eines Menschen so stark beeinflussen, dass dieses auf die Beurteilung der Gesamtperson ausstrahlt. In diesem Sinne spricht man auch vom „Überstrahlungseffekt". Dies ist beispielsweise der Fall, wenn einem besonders sympathischen Menschen viele wünschenswerte Eigenschaften zugeschrieben oder einem Stotterer automatisch noch andere Defizite unterstellt werden. Technisch ausgedrückt handelt es sich beim „Halo-Effekt" um eine folgenschwere Wechselwirkung zwischen Beobachter und Beobachtetem. Einen Halo-Effekt können ein Tattoo am Hals, ein Brillant im Ohrläppchen oder eine geschmacklose Krawatte bewirken.
- **Kontrast- oder Ähnlichkeitsfehler:** Gemeint ist damit der Umstand, dass Urteile über andere oft von der Selbsteinschätzung des Beurteilerden beeinflusst sind. Wer sich für besonders schlau hält, könnte geneigt sein, andere in dieser Hinsicht zu unterschätzen. Das bedeutet der sogenannte Kontrastfehler. Häufig neigen wir aber auch dazu, andere für uns ähnlich zu halten, womit der Ähnlichkeitsfehler gemeint ist. Der nicht seltene Vorwurf lautet, dass man von sich auf andere schließe.
- **Logischer Fehler:** Jeder hat bestimmte Vorstellungen davon, wie Merkmale in der Natur zusammenhängen, aber diese Vorstellungen müssen keineswegs stimmen. Typische Beispiele: „Wer lügt, stiehlt auch." – „Wer

eine hohe Stirn hat, ist intelligent." – „Schotten sind geizig." Und ganz aktuell: „Banker sind gierig." Ausdrucksfähigkeit und Durchsetzungsfähigkeit werden gern als miteinander korrelierende Merkmale angesehen. Die Praxis lehrt freilich, dass zur Durchsetzungsfähigkeit weit mehr gehört, als geschliffen formulieren zu können.

- **Zu frühe Wertung:** Es wird ohne ausreichende Kenntnis eines Sachverhaltes bzw. einer Person vorschnell geurteilt. Der berüchtigte erste Eindruck, der sich angeblich in Sekundenbruchteilen verfestigt, führt ebenso schnell zu Fehlurteilen.

Methode zur Vermeidung von Beurteilungsfehlern

Um diese Fehler zu vermeiden und zu einer angemessenen Personenwahrnehmung zu kommen, gilt es, sich an die folgende Systematik zu halten:

- **Beobachten:** Im ersten Schritt heißt es, hinreichende Informationen über das Verhalten eines Gesprächspartners bzw. Kunden zu sammeln und auf eine voreilige Wertung zu verzichten.
- **Beschreiben:** Sagen Sie also nicht: „Der Kunde ist unzuverlässig und hält Vereinbarungen nicht ein!" Beschreiben Sie stattdessen konkret: „Bei vier von fünf Terminen musste ich länger als zehn Minuten warten." Ein weiteres Beispiel für eine konkrete Beschreibung ist: „Der Kunde hält alle Verabredungen ein, gibt mir sämtliche Informationen, die ich brauche, und spricht offen über seine Wünsche und Sorgen."
- **Bewerten:** „Der Kunde schätzt mich als Berater, und wir haben zu einer vertrauensvollen Zusammenarbeit gefunden."

3 Business-Knigge für Immobilienmakler

Mit guten Manieren zeigt man Wertschätzung. Es geht um mehr als reine Etikette — es geht um ein Geben und Nehmen. Und da gilt es aufzupassen, dass keine Schieflage entsteht. Gutes Benehmen, heißt es, sei bei manchen Zeitgenossen Glücksache. Nein, es ist eine Frage der Beherrschung von Regeln.

3.1 Dresscodes

Die Kleidung muss zum Umfeld passen, in dem man sich bewegt. Wer eine Villa an der Hamburger Elbchaussee oder eine Gewerbeimmobilie an der Kö in Düsseldorf vermarkten will, sollte sich anders kleiden, als wenn es sich um eine Mietwohnung in einem städtischen Problemviertel handelt. Das besonders teure Tuch kommt bei Dienstleistern allemal nicht gut an, weil der Kunde auf die Idee kommen könnte, dass er das bezahlt.

Manche Frauen versuchen im Geschäftsleben ihre Weiblichkeit zu „deckeln“: Die Kleidung ist grau und hochgeschlossen, die Haare glatt und zurückgekämmt. Auch Maklerinnen sollten auf eine eher dezente Garderobe achten.

Kleidung hat eine ausgeprägte sozialpsychologische und meist auch kommunikative Funktion. Kleidung kann Menschen verbinden und Kleidung kann trennen. Man kennt Letzteres von Feierlichkeiten, bei denen ein Gast in gediegener Abendrobe auftaucht, während alle anderen „casual“ tragen.

3.2 Begrüßung und Small Talk

Wie ist man nun bei der Begrüßung anstandshalber auf der sicheren Seite? Früher war die Frage, wer wen zuerst grüßt, eine Statusfrage. Heute grüßt derjenige zuerst, der den anderen zuerst sieht.

Wenn man als Makler auf seinen potenziellen Auftraggeber oder einen Interessenten mit weit ausgestreckter Hand zusteuert, kommt das nicht immer gut an. Und das lässige „Hallo" wird auch nicht von jedem geschätzt. Floskeln wie „Darf ich mich vorstellen" oder „Gestatten" sind überholt. Man nennt seinen Namen, quittiert die Namensnennung des anderen mit einem „Freut mich" und geht zum Small Talk über.

Wenn das Gespräch bereits begonnen hat und ein weiterer Gesprächspartner dazu kommt, steht man als Mann selbstverständlich zur Begrüßung auf und schenkt dem Neuzugang seine Aufmerksamkeit. Die Maklerin entscheidet selbst, ob sie bei der Begrüßung aufsteht oder nicht.

Nach der Begrüßung gilt es, ein paar freundliche Worte zu wechseln. Small Talk ist eine Urfunktion der Sprache, er dient der Kontaktaufnahme und soll Nestwärme und Vertrauen herstellen. Auch wenn harte Verhandlungen anstehen, wird zunächst aus guten Gründen in die Gesprächsatmosphäre investiert, also absichtlich absichtslos geplaudert.

Das fällt nicht jedem leicht, aber die Fähigkeit, mit fremden Menschen über belanglose Themen ins Gespräch zu kommen, ist eine Frage der eingangs behandelten sozialen Intelligenz. Wer hier verkrampft, hölzern oder hilflos wirkt, hat den berühmten ersten Eindruck verpatzt, der den Verlauf des weiteren Gesprächs nicht unerheblich beeinflusst. Insbesondere bei Akquisitionsgesprächen geht es nicht ausschließlich um die Kompetenz eines Beraters, sondern auch um die Frage, ob man mit diesem gern zusammenarbeiten möchte. Besonders wichtig ist dies bei Berufseinsteigern, die keine oder kaum Referenzen vorzuweisen haben.

Auf Small Talk kann und sollte man sich vorbereiten. Nicht immer wird einem ja ein Ball zugeworfen, sondern mancher potenzieller Auftraggeber wartet in stoischer Ruhe ab, was man aus der Situation macht, ob er souverän und gewinnend wirkt. Da kann man dem Kunden gegenüber bereits eine Kostprobe seines Könnens liefern oder aber ins Fettnäpfchen treten.

Die Frage nach dem Befinden ist heute völlig aus der Zeit gefallen, und ein Kommentar zum Wetter ist nur dann originell, wenn man trotz Blitzeises den Termin gehalten hat. Als Aufhänger für eine kurze Plauderei können sich bei einer

Begegnung vor Ort beispielsweise interessante Einzelheiten zur Ausstattung der Immobilie, zum Umfeld und zur Nachbarschaft oder zur Verkehrsanbindung anbieten. Es versteht sich von selbst, dass man nicht über die Schwierigkeit der Parkplatzsuche ins Gespräch kommt. Natürlich gilt der Grundsatz, nichts krampfhaft an den Haaren herbei zu ziehen und bestimmte Themen von vornherein zu meiden, etwa eine Anspielung auf die Familie des Kunden.

3.3 Sitzordnung und Gesprächseröffnung

Wer nach dieser Aufforderung, doch bitte Platz zu nehmen, auf dem Lieblingsplatz des Immobilieneigentümers und erhofftem zukünftigen Kunden landet, obwohl dort bereits Unterlagen liegen, wirkt wenig überzeugend.

Dies sind die richtigen Verhaltensregeln, um am Ende richtig zu sitzen:

- Abwarten, bis man gebeten wird, Platz zu nehmen.
- Prüfen, welche Plätze durch Unterlagen oder Gegenstände bereits markiert sind. Manchmal hat ja bereits vorab ein Gespräch mit einem Mitbewerber stattgefunden.
- Die Stirnseite eines rechteckigen Tisches sollte man vermeiden; an der einen Seite sitzt ja meist der Gastgeber, und wenn man die entgegengesetzte Seite wählt, brauchen alle Beteiligten bei einem großen Tisch fast ein Opernglas, um sich einigermaßen in Augenschein nehmen zu können.
- Wenn möglich, sucht man sich einen Platz, von dem aus man nicht in die Sonne blicken muss. Andernfalls sieht der Gesprächspartner so düster aus wie ein Scherenschnitt.

Wer bestimmt, wann die Aufwärmphase vorbei ist? In der Regel macht dies der Gastgeber, aber man kann auch selbst ein entsprechendes Signal setzen, indem man sich etwa für die Einladung zum Gespräch bedankt und dann gleich einen Vorschlag bezüglich des Gesprächsinhalts macht. Der Ball ist dann im Feld des Gesprächspartners.

3.4 Verhalten an Türen, Treppen und Fahrstühlen

Wer hat das nicht schon einmal erlebt? Zwei Personen behindern sich gegenseitig, weil jeder vor der Tür oder einem Fahrstuhl dem anderen den Vorrang einräumen möchte. Insbesondere bei der Besichtigung von Immobilien bzw. Wohnungen sind solche Situationen typisch. Wer hier nicht unbeholfen wirken möchte, kann sich an die folgenden Regeln halten:

- Die Ehrenseite ist rechts. Der Interessent an einer Immobilie geht bei der Besichtigung auf der rechten Seite.
- Beim Betreten von Fahrstühlen hat der Gast bzw. Interessent den Vortritt.
- Kompliziert wird es, wenn ein Mann von einer Frau zu einem Besichtigungstermin eingeladen worden ist. Vor allem ältere Männer haben ja den Grundsatz verinnerlicht, dass die Frau immer rechts geht. Nach der modernen Etikette macht man nichts falsch, wenn man sich als Mann rechts von der Gastgeberin hält. Für eine Interessentin ist die Sache allemal klar. Sie ist der Gast und wählt die Ehrenseite.
- Auf einer Treppe geht der Mann vor seiner weiblichen Begleitung, wenn für ein Nebeneinander nicht ausreichend Platz ist.

Im Geschäftsleben kann es vorkommen, dass man zum Essen eingeladen wird, was dann im Rahmen des Erstkontaktes bisweilen auf einen „Gabeltest“ hinauslaufen kann. Ein gemeinsames Essen bietet eine gute Gelegenheit, sich besser kennen und einschätzen zu lernen. Hier können die richtigen Manieren im Verlauf der Nahrungsaufnahme eine wichtige Rolle spielen.

Die zeitgemäßen Tischsitten sind:

- Die Hände sind immer auf dem Tisch.
- Das Besteck des ersten Ganges liegt ganz außen, dann geht es Richtung Teller weiter.
- Auch bei angeregten Gesprächen fuchtelt man mit Messer und Gabel nicht in der Luft herum.
- Bevor man zum Glas greift, wird der Mund mit der Serviette kurz abgetupft.
- Das Weinglas fasst man am Stil an.
- Wenn man Messer und Gabel während des Essens ablegt, dann mit der Spitze zur Tellermitte hin.

- Nach dem Essen wird das Besteck in der Position „20 nach auf der Uhr“ auf den Teller gelegt.
- Spargel, Kartoffeln und Gemüse dürfen mit dem Messer geschnitten werden.
- Oliven- oder Kirschkerne spuckt man oben in die Faust.
- Auf die Toilette geht man nur am Ende eines Ganges.
- Wenn man das Essen allmählich beenden möchte, sollte man sich zunächst einmal nicht nachschenken lassen.
- Nicht vergessen, das Handy auf lautlos zu schalten!

Kleidung, Begrüßungsrituale, Sitzordnung oder Tischmanieren – nicht jeder Fauxpas wird gleich mit Missbilligung geahndet. Aber wer die wichtigsten Umgangsregeln kennt, tritt in sozialen Situationen sicherer auf. Stil und Etikette ebnen den Weg für die Botschaft, die man in eigener Sache erfolgreich absetzen möchte.

Test: Wie stilsicher ist Ihr Auftritt?

ARBEITSHILFE ONLINE

1. Früher war die Frage, wer wen zuerst grüßt, eine Statusfrage. Heute grüßt derjenige zuerst, der den anderen zuerst sieht. ☒ stimmt ☐ stimmt nicht	2
2. Wenn das Gespräch bereits begonnen hat und ein weiterer Gesprächspartner dazu kommt, steht man heutzutage zur Begrüßung nicht mehr auf. ☐ stimmt ☒ stimmt nicht	2
3. Die Regel, dass eine Dame in diesem Fall immer sitzen bleibt, gilt nicht mehr. Heute entscheidet jede Frau selbst, ob sie bei der Begrüßung aufstehen möchte. ☒ stimmt ☐ stimmt nicht	2
4. „Bitte schön, nehmen Sie Platz!“ Das war einmal. Souveräne Gesprächspartner warten nicht auf diese Aufforderung, sondern suchen sich ihren Platz selbst aus. ☐ stimmt ☒ stimmt nicht	2
5. Wenn Getränke angeboten werden, sollte man diese annehmen. ☐ stimmt ☒ stimmt nicht	2
6. Kompetente Makler eröffnen das Akquisitionsgespräch und zeigen damit Initiative. Etwa so: „Ich möchte vorschlagen, dass wir …“ ☒ stimmt ☐ stimmt nicht	2

7. Wenn Sie als Immobilienmakler von Ihrem Gastgeber durch ein Gebäude geleitet werden, gehen Sie auf seiner rechten Seite. ☒ stimmt ☐ stimmt nicht	2
8. An einer Treppe geht der Mann hinter seiner weiblichen Begleitung, wenn für ein Nebeneinander nicht ausreichend Platz ist. ☐ stimmt ☒ stimmt nicht	2
9. Welche Regel gilt für ein Fünf-Gänge-Menü? Das Besteck des ersten Ganges liegt ganz außen, dann geht es Richtung Teller weiter. ☒ stimmt ☐ stimmt nicht	2
10. Nach dem Essen wird das Besteck in der Position „20 vor" auf der Uhr auf den Teller gelegt. ☐ stimmt ☐ stimmt nicht	
Summe	18

Auswertung

Zur Auswertung des Tests gehen Sie Ihre Antworten durch und notieren Sie bei den Testfragen mit den ungeraden Nummern bei einem Kreuzchen bei „stimmt" 2 Punkte und bei „stimmt nicht" 0 Punkte. Bei den Fragen mit einer geraden Nummer bewerten Sie genau umgekehrt: Bei „stimmt" geben Sie sich 0 Punkte, bei „stimmt nicht" geben Sie sich 2 Punkte. Schließlich addieren Sie die einzelnen Werte.

Interpretation

14—20 Punkte	Sie kennen die wichtigsten „Dos" und „Don'ts" im Umgang mit anderen. Und so wissen Sie sicher auch, dass man das Weinglas immer am Stiel anfasst.
6—13 Punkte	Schauen Sie sich Ihre Fehler an und lesen Sie noch einmal den entsprechenden Beitrag in diesem Kapitel.
0—5 Punkte	Gutes Benehmen ist bei Ihnen reine Glückssache. Es ist allerdings riskant, sich bei den Umgangsformen allein auf sein Glück zu verlassen.

4 Verhalten bei Beschwerden von Auftraggebern, Käufern und Mietern

Beschwerden und Reklamationen sind wie ein Fieberthermometer, das anzeigt, ob und wie stark der Ist-Wert vom Soll-Wert abweicht. Sie sind lästig, aber gleichzeitig auch ein kostenloses Feedback vom Markt, das ernst zu nehmen und im Interesse der Optimierung des eigenen Angebots und Verhaltens zu nutzen ist. Zunächst gilt es freilich, die Beschwerden angemessen im Interesse aller Beteiligten zu regulieren. Da die Anlässe für Ärger in der Immobilien- und Wohnungswirtschaft nahezu unendlich sind, soll hier die psychologische Seite des Beschwerdemanagements ganz pragmatisch thematisiert werden. Das Ziel ist die Vermeidung einer Eskalation.

4.1 Konsens- und konfliktorientiertes Verhalten

Die Menschen unterscheiden sich in ihrem Naturell. Da sind die einen, die vorzugsweise beschwichtigen und deeskalierend wirken, und da gibt es andere, die gern noch Öl ins Feuer gießen. Das ist manchmal auch eine Frage der Interessenlage, aber die des Immobilienmaklers kann nur darin bestehen, Beschwerden zur Zufriedenheit aller Beteiligten zu lösen. Mit der Kommunikation fängt es dabei an. Viele Reklamationen eskalieren unnötigerweise, weil der genervte Adressat der Beschwerde nicht den richtigen Ton findet.

ARBEITSHILFE ONLINE

Test: Welche Aussagen sind geeignet, um Eskalation zu vermeiden?

Wer will, kann die folgenden Äußerungen gegenüber einem verärgerten Kunden bewerten. Sind sie geeignet, diesen zu beschwichtigen, oder verschärfen sie eher dessen Unmut? Kreuzen Sie entsprechend „beschwichtigend“ oder „eskalierend“ an.

1. „Entschuldigen Sie bitte, wenn ich Sie hier unterbreche.“	
☐ beschwichtigend	☐ eskalierend
2. „Können Sie meinen Ausführungen folgen?“	
☐ beschwichtigend	☐ eskalierend
3. „Meinen Sie nicht auch, dass es besser wäre, alles noch einmal zu überdenken?“	
☐ beschwichtigend	☐ eskalierend
4. „Ihren Ärger kann ich vollkommen verstehen.“	
☐ beschwichtigend	☐ eskalierend
5. „Was halten Sie davon, wenn wir … ?“	
☐ beschwichtigend	☐ eskalierend
6. „Wo Menschen arbeiten, werden eben Fehler gemacht.“	
☐ beschwichtigend	☐ eskalierend
7. „Meinen Sie nicht, dass Sie aus einer Mücke einen Elefanten machen?“	
☐ beschwichtigend	☐ eskalierend
8. „Der Fehler ist bei uns hier auf keinen Fall passiert.“	
☐ beschwichtigend	☐ eskalierend
9. „Jeder kann doch mal krank werden.“	
☐ beschwichtigend	☐ eskalierend
10. „Sie dürfen sich darauf verlassen, dass ich die Sache sofort erledigen werde.“	
☐ beschwichtigend	☐ eskalierend
11. „Wenn Sie dieses Angebot nicht überzeugt, sind Sie durch nichts zu überzeugen.“	
☐ beschwichtigend	☐ eskalierend
12. „Da haben Sie mich vorhin völlig falsch verstanden!“	
☐ beschwichtigend	☐ eskalierend
13. „Sie müssen einsehen, dass …“	
☐ beschwichtigend	☐ eskalierend
14. „Das kann eigentlich nicht sein, so wie Sie die Sache geschildert haben.“	
☐ beschwichtigend	☐ eskalierend
15. „Ich habe mir alles notiert und werde dafür sorgen, dass so etwas nicht wieder vorkommt.“	
☐ beschwichtigend	☐ eskalierend

Lösung

Der aufmerksame Leser hat natürlich bemerkt, welche Reaktionen den Kunden eher beschwichtigen und welche ihn eher missmutig stimmen. Wer unsicher ist, mag sich hier seine Bestätigung abholen.

1. „Entschuldigen Sie bitte, wenn ich Sie hier unterbreche."	⊗ beschwichtigend
2. „Können Sie meinen Ausführungen folgen?"	⊗ eskalierend
3. „Meinen Sie nicht auch, dass es besser wäre, alles noch einmal zu überdenken?"	⊗ eskalierend
4. „Ihren Ärger kann ich vollkommen verstehen."	⊗ beschwichtigend
5. „Was halten Sie davon, wenn wir ...?"	⊗ beschwichtigend
6. „Wo Menschen arbeiten, werden eben Fehler gemacht."	⊗ eskalierend
7. „Meinen Sie nicht, dass Sie aus einer Mücke einen Elefanten machen?"	⊗ eskalierend
8. „Der Fehler ist bei uns hier auf keinen Fall passiert."	⊗ eskalierend
9. „Jeder kann doch mal krank werden."	⊗ eskalierend
10. „Sie dürfen sich darauf verlassen, dass ich die Sache sofort erledigen werde."	⊗ beschwichtigend
11. „Wenn Sie dieses Angebot nicht überzeugt, sind Sie durch nichts zu überzeugen."	⊗ eskalierend
12. „Da haben Sie mich vorhin völlig falsch verstanden!"	⊗ eskalierend
13. „Sie müssen einsehen, dass ..."	⊗ eskalierend
14. „Das kann eigentlich nicht sein, so wie Sie die Sache geschildert haben."	⊗ eskalierend
15. „Ich habe mir alles notiert und werde dafür sorgen, dass so etwas nicht wieder vorkommt."	⊗ beschwichtigend

5 Methodenkompetenz für Immobilienberater

Methodenkompetenz beinhaltet die Fähigkeit zur professionellen Anwendung von

- Analysetechniken,
- Problemlösungstechniken,
- Präsentationstechniken und
- Techniken zur Arbeitsstrukturierung.

Solche Kompetenzen sind so zeitlos wie unverzichtbar und steigern den eigenen Marktwert.

5.1 Konfliktanalyse und Konfliktregulierung

In der Immobilienbranche besteht wegen der hohen finanziellen Werte und Risiken ein besonderes Konfliktpotenzial. Die Rückabwicklung eines Hausverkaufs oder die Auseinandersetzung mit Mietnomaden markieren nur die extrem unerfreulichen Ereignisse in der Immobilienwirtschaft. Die Ursachen für Reibungsverluste und Konflikte in Verkaufsgesprächen, Verhandlungen und in der Zusammenarbeit mit Auftraggebern bzw. Käufern und Mietern sind vielfältiger Natur. Wer eine Vorstellung von diesen Ursachen hat, kann diesen vorbeugen bzw. sie angemessen regulieren.

Zu Konflikten kommt es besonders häufig, wenn

- die jeweiligen Interessen divergieren,
- ein Informations- bzw. Wissensgefälle besteht,
- Aufgaben und Ziele vorab nicht eindeutig definiert wurden,
- die Kommunikation nicht funktioniert,
- eine Atmosphäre des Misstrauens herrscht,
- Sachverhalte unterschiedlich interpretiert bzw. bewertet werden,

- man sich auf eine bestimmte Vorgehensweise nicht einigen kann und/oder
- ethische Vorstellung zum Geschäftsgebaren voneinander abweichen.

Um solche Konflikte zu vermeiden bzw. zu lösen, braucht man zunächst einmal ein grundsätzliches Wissen über das Wesen von Konflikten.

Allgemeine Konfliktpsychologie

Die folgenden Thesen bestimmen die Ausgangslage zum Thema:

- Konflikte sind eine Grundbedingung des Daseins. Menschen prallen mit ihren unterschiedlichen Interessen, Werten, Normen, Zielen und Wahrnehmungen aufeinander. Ein konfliktfreies Zusammenleben und Zusammenarbeiten gibt es nur da, wo Friedhofsruhe herrscht.
- Konflikte sind die wichtigste Funktionsbedingung von Entwicklung und Fortschritt. Durch Ketzer bzw. Andersdenkende ist die Menschheit oft die Treppe hinaufgefallen, wie uns die Beispiele Galileo Galileis und Martin Luthers vor Augen geführt haben. In der Marktwirtschaft spricht man von Wettbewerb und der damit verbundenen „schöpferischen Zerstörung“ (Joseph Alois Schumpeter). Einst gute Ideen werden durch bessere ersetzt.
- Ziel der Konfliktregulierung sollte möglichst eine „Win-win-Situation“ sein, das heißt, am Ende sollten sich alle Parteien zumindest als Sieger *fühlen* dürfen. Aber Konflikte produzieren auch Verlierer. Da geht ein Prozess verloren oder man kann sich mit seinem Angebot gegenüber einem Mitbewerber nicht durchsetzen. Die meisten Verlierer hat der Wandel zur Folge: Die einen wollen die Verhältnisse bewahren, wie sie sind, und andere möchten Sie verändern. In der Regel bleiben die Bewahrer dann auf der Strecke.
- Konflikte, die gar nicht erkannt oder gar vorsätzlich ignoriert werden, erzeugen Reibungsverluste und vernichten Ressourcen. An derartigen Konflikten gehen nicht nur Partnerschaften, sondern auch ganze Betriebe zugrunde, wenn man sich zum Beispiel nicht auf ein zukunftsfähiges Geschäftsmodell oder eine einheitliche Strategie einigen kann.

Konfliktursachen in zwischenmenschlichen Beziehungen

Wie dem Maikäfer, der nach Einschätzung der Aerodynamiker aufgrund seines Gewichtes und seiner Körperproportionen gar nicht fliegen können dürfte, aber dennoch fliegt, weil er von Aerodynamik keine Ahnung hat, so ergeht es häufig auch den Menschen, die mehr oder weniger routiniert ihren Job machen. Erst wenn die Dinge einmal nicht rund laufen, hält man inne und fragt nach den Ursachen. Und dann bekommt man es nicht selten mit den zwischenmenschlichen Beziehungen zu tun.

Die amerikanischen Sozialpsychologen Joseph Luft und Harry Ingham haben ein anschauliches grafisches Modell — das Johari-Fenster — vom Bewusstsein in zwischenmenschlichen Beziehungen entwickelt.

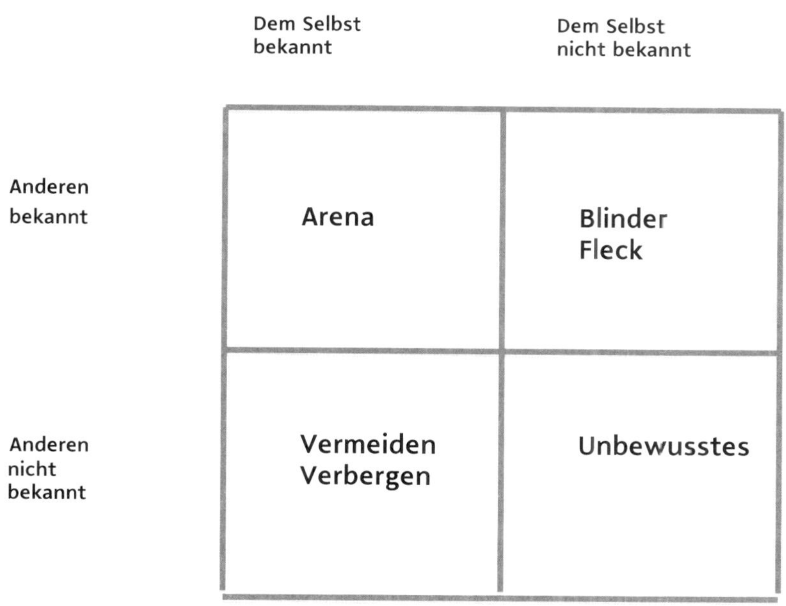

Abb. 13: Das Johari-Fenster

Quadrant I: Der Bereich „öffentliche Person“ bezieht sich auf Verhalten, Motive, Interessen und Informationen aus der Biografie, die uns selber und anderen bekannt sind. Es handelt sich also um alles, was Menschen bewusst — aber nicht immer freiwillig — von sich preisgeben.

Quadrant II: Der „Blinde Fleck“ bezieht sich auf Dinge, die andere an uns wahrnehmen, deren wir uns selbst aber nicht bewusst sind. Dazu gehören beispielsweise typische Angewohnheiten wie andere zu unterbrechen, ständig „äh“ zu sagen oder immer das letzte Wort haben zu müssen. Dieser Bereich einer Person ist von Natur aus konfliktträchtig.

Quadrant III: In diesem Persönlichkeitsbereich geht es um Gefühle, Ängste, Wünsche und Motive, die einer Person durchaus bewusst sind, die sie aber vor anderen zu verbergen sucht. Da verhält sich ein Mitarbeiter seinem Vorgesetzten gegenüber leistungsorientiert und offensichtlich loyal und sägt doch längst hinter seinem Rücken an dessen Stuhl. Da versichert ein anderer, dass er zu jemandem volles Vertrauen habe, und übt ständig eine heimliche Kontrolle aus. Oder: Ist der im Raume stehende Kaufpreis wirklich das letzte Wort? Was bisweilen in diesem Bereich der Persönlichkeit abläuft, ist besonders unerquicklich und konfliktfördernd.

Quadrant IV: Dies ist der Bereich unbewusster Handlungen und Antriebskräfte aus den tiefenpsychologischen Schichten der Persönlichkeit. Weder der Einzelne noch seine Mitmenschen sind sich gewisser Instinkte, Motive und Wünsche bewusst. Man kann aber annehmen, dass sie existieren, da einiges mit der Zeit eben doch bewusst wird. Da erkennt jemand beispielsweise erst nach Jahren, dass er aufgrund eines starken Bedürfnisses nach Bestätigung und Anerkennung seine Interessen ständig zurückgestellt hat, und manche merken erst sehr spät, dass sie ein besonderes Talent haben. In diesem Persönlichkeitsbereich lauern innerpsychische Konflikte, die beispielsweise durch die Verdrängung von Ängsten, Sehnsüchten, Motiven oder belastenden Ereignissen entstehen. Das Ziel der Psychoanalyse besteht in diesem Sinne darin, solche unbewussten Phänomene in das Bewusstsein zu holen und dann zu verarbeiten.

Damit ist dann auch schon angedeutet, dass die hier beschriebenen Verhältnisse nicht statisch sind, sondern sich im Laufe der Zeit ändern bzw. gezielt verändert werden können. Folgende Aussagen lassen sich diesbezüglich zum „Johari-Fenster“ treffen:

- Eine Veränderung in irgendeinem der vier Quadranten wird andere Quadranten beeinflussen.
- Es kostet Energie, wenn man seine Motive, Hoffnungen und Befürchtungen ständig verstecken, verleugnen oder verdrängen will. Andererseits zeugt es von Naivität, wenn man seine Privatsphäre öffentlich zur Schau stellt — man denke daran, was zum Teil in den sozialen Netzwerken passiert — bzw. sich immer in die Karten schauen lässt.
- Je kleiner der erste Quadrant ist, desto karger ist die Kommunikation. Wenn Menschen nichts voneinander wissen und auch nichts über sich preis zu geben bereit sind, können sie schwerlich ins Gespräch kommen. Eine tragfähige Kundenbeziehung zeichnet sich genau dadurch aus, dass die Partner etwas übereinander wissen, das über das rein Geschäftliche hinausgeht. Das mögen Urlaubsvorlieben, Hobbys oder Kenntnisse der familiären Verhältnisse sein. Die Zusammenarbeit mit anderen wird durch eine genügend große Zone der „Öffentlichen Person" erleichtert, und nur so kann sich Vertrauen entwickeln.

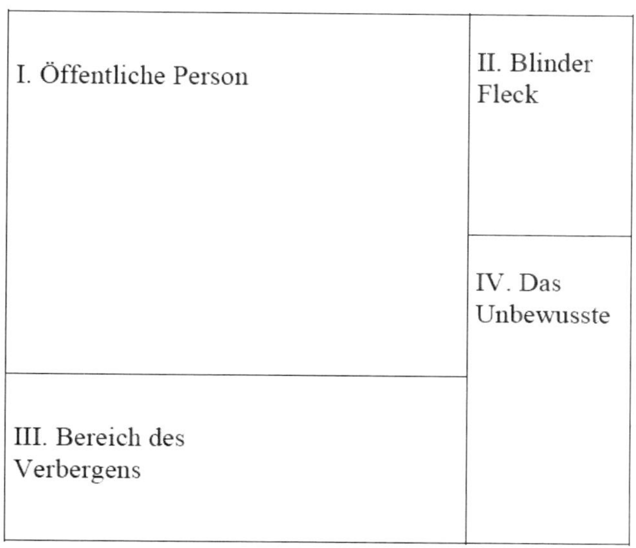

Abb. 14: Erstrebenswerter Zustand im Johari-Fenster

Kommunikationsstrategien zur Konfliktlösung

In der Einleitung wurde angemerkt, dass Wohnungs- und Immobilienmakler die Mittler und Macher in einem sensiblen Dreiecksverhältnis sind und dafür neben Fachwissen eine gehörige Portion an Verkaufs- und Beratungskompetenz brauchen. Zur Beratungskompetenz gehört auch, Konflikte mit Vermietern und Verkäufern bzw. Mietern und Käufern zur Zufriedenheit aller beteiligten Parteien zu lösen. Dazu kann ein systematisches Vorgehen in drei Schritten hilfreich sein, wie Sie es hier im Folgenden beschrieben finden.

- **1. Schritt: Beschreibung der prekären Situation — Was ist Sache?**
  In der ersten Phase des Konfliktlösungsverfahrens werden alle bedeutsamen Informationen zum fraglichen Sachverhalt gesammelt. Dabei ist es wichtig, dass möglichst viele Perspektiven zusammentreffen, damit die Erfassung der Wirklichkeit breit angelegt werden kann. Diskussionen und kämpferische Auseinandersetzungen müssen unbedingt vermieden bzw. erst einmal zurückgestellt werden. Was in dieser Phase versäumt wird, schafft später Probleme.
- **2. Schritt: Kontextbestimmung — Was hängt womit zusammen?**
  Ein Sachverhalt begründet sich selten aus sich selbst. Die Bemühung um das Verständnis der Zusammenhänge zwischen dem Problem und den Umfeldbedingungen löst die Perspektive aus der starren Betrachtung des Kernproblems. Hier ist also vernetztes Denken gefragt, hier gilt es, das „Big Picture" zu sehen — und dann erkennt man auf einmal Konfliktursachen, die man zunächst überhaupt nicht bemerkt hatte. Das Denken in Neben- und Fernwirkungen gehört zu den wichtigsten Bedingungen kaufmännischer und unternehmerischer Tätigkeiten, denn man kann selten nur eine Sache machen, meist gibt es an anderer Stelle auch noch Effekte, von denen man zunächst gar nichts bemerkt. Beispiel: Ein Kunde ist verärgert, doch der Makler ignoriert das, weil er den Kunden sowohl für schwierig als auch für nicht wichtig genug hält. Hier übersieht der Makler aber, dass ein vergrätzter Kunde diversen Befragungen zufolge als Multiplikator unterwegs ist und mindestens zehn Personen erzählt, was ihm widerfahren ist. Für das Image eines Dienstleisters bzw. Unternehmens kann dies unangenehme Folgen haben.

- **3. Schritt: Analyse und Entscheidung — Was sollte sinnvollerweise getan werden?**
  Vernunftbetontes Handeln setzt die Kenntnis möglichst aller wichtigen Informationen und der Zusammenhänge voraus. Es mündet im Versuch, eine Erklärung für den gegenwärtigen Konflikt zu liefern und daraus konfliktregulierende Maßnahmen bzw. Handlungsalternativen abzuleiten.

Wichtig ist die Einhaltung der Reihenfolge dieser Schritte. Da Konflikte die Beteiligten mehr oder weniger mit Emotionen aufladen, besteht die Gefahr, dass man seinen gefühlsmäßigen Eingebungen folgt und dann an eine systematische Aufarbeitung von Konflikten nicht mehr zu denken ist. Deshalb kann es wünschenswert sein, bei Auseinandersetzungen zwischen Verkäufern und Käufern bzw. Vermietern und Mietern einen Mediator als Konfliktbegleiter heranzuziehen. Dies kann auch ein Makler sein — wenn er sich entsprechend fortgebildet hat.

5.2 Der Makler als Moderator und Mediator

Je höher die finanziellen Werte und Risiken, desto größer das Konfliktpotenzial. Das trifft, wie bereits erwähnt, auf die Immobilienbranche besonders zu, und deshalb gibt es inzwischen Immobilienmediatoren, ausgebildet u. a. an der Deutschen Immobilien-Akademie an der Universität Freiburg GmbH (DIA).

Eine solche Ausbildung zum Immobilienmediator kostet ca. 5.000 Euro, während die Mediation selbst dann eine Dienstleistung ist, für die wiederum gewisse Kosten anfallen. Dennoch kann es zweckmäßig und vorteilhaft sein, einen solchen Mediator einzuschalten, denn diese Fachleute vermitteln professionell zwischen den streitenden Parteien und erarbeiten Konfliktlösungen, um kostenintensive und meist langwierige Gerichtsverfahren zu vermeiden.

Der Stellenwert der Mediation

Ein Mediator (lat. Mittler) ist ein Vermittler zwischen Konfliktparteien mit dem Ziel einer gütlichen außergerichtlichen Einigung. Angestrebt wird eine Lösung, bei der es möglichst keine Verlierer gibt. Genau hierin liegt der entscheidende Unterschied zur gerichtlichen Auseinandersetzung, aus der ja meist Gewinner und Verlierer hervorgehen, ganz zu schweigen von den Kosten und der Dauer solcher Verfahren, die ja bereits angesprochen wurden.

Um außergerichtliche Streitbeilegungsverfahren zu fördern, hat der Gesetzgeber in § 278 der ZPO (Zivilprozessordnung) festgeschrieben, dass Gerichte den Streitparteien in dafür geeigneten Fällen eine außergerichtliche Streitschlichtung vorschlagen können. Wer als Makler selbst nicht als Schlichter agieren möchte, kann einen geeigneten Rechtsanwalt vorschlagen. In § 18 der Berufsordnung für Rechtsanwälte (BORA) ist festgelegt, dass die Mediation zum anwaltlichen Arbeitsfeld gehört. Eine anwaltliche Tätigkeit muss sich also nicht auf eine einseitige Interessenvertretung beschränken.

Viele Unternehmen schulen inzwischen aber auch selbst geeignete Mitarbeiter zu Mediatoren, die helfen, eine unnötige Eskalation von Konflikten und damit den Gang zu höheren hierarchischen Instanzen oder gar zum Arbeitsgericht zu vermeiden.

Prinzipien der Mediation

Die folgenden Grundsätze gelten für die Medianten – so heißen die Streitparteien, die ihre Konflikte eigenverantwortlich lösen wollen – und für den Mediator, auch Konfliktbegleiter genannt.

1. Selbstverantwortung: Die Parteien sind für alles, was im Rahmen der Mediation passiert, selbst verantwortlich. Sie delegieren keine Entscheidungsbefugnisse an andere.
2. Freiwilligkeit: Die Konfliktparteien entscheiden sich freiwillig für die Mediation, außerdem kann jeder zu jeder Zeit ohne Angabe von Gründen aus dem Verfahren ausscheiden.
3. Informationspflicht: Alle Fakten, die für die Konfliktregulierung relevant sind, müssen auf den Tisch. Der Mediator hat dafür zu sorgen, dass es kein Informationsgefälle zum Nachteil einer Partei gibt.
4. Vertraulichkeit: Die teilnehmenden Parteien verpflichten sich, keine Informationen, die im Zusammenhang mit der Mediation stehen, nach außen

zu tragen. Für den Fall, dass es doch zu einem Prozess kommt, sollte vereinbart werden, dass der Mediator nicht als Zeuge benannt werden darf.

5. Neutralität: Der Mediator ist allparteilich und neutral. Er strukturiert das Verfahren und beteiligt sich auf keinen Fall an inhaltlichen Diskussionen. Er sollte möglichst keine Lösungen vorschlagen, sondern es den Konfliktparteien überlassen, sich gütlich zu einigen. Einzelgespräche führt der Mediator nur im Auftrag der Konfliktparteien.

Methoden der Mediation

Ein Mediator muss den Mediationsprozess leiten und strukturieren sowie die Einhaltung von Regeln kontrollieren und gegebenenfalls durchsetzen. Hier kommen die bereits allgemein beschriebenen Kommunikationsstrategien zur Konfliktlösung zum Einsatz. Mit der Beschreibung des Sachverhaltes und der unterschiedlichen Sichtweisen geht es los.

Was ist Sache?

Die Medianten stellen nacheinander ihre Sicht der Dinge dar. Es ist hierbei wichtig, dass dies in der Ich-Form geschieht, denn bei Äußerungen in der „man-Form" kann man sich zu leicht wieder von seinen Einlassungen distanzieren. Die Reihenfolge der Wortmeldungen sollte sich nicht an der jeweiligen Positionsmacht, sondern am Alphabet orientieren. Bachmann hat vor Baumann das Wort, und das sollte der Mediator auch vorab verkünden. Es kann in dieser Anfangsphase durchaus sinnvoll sein, die Redezeit in Abstimmung mit den Teilnehmern zu begrenzen. Wenn jemand für längere Zeit das Wort an sich reißt und dies toleriert wird, empfinden das die anderen Medianten bald als ungerecht.

Der Mediator muss in dieser Phase Ohren wie Schöpflöffel haben, sollte bei mehrdeutigen Äußerungen nachfragen und bei besonders relevanten Einlassungen nochmals eine Bestätigung einholen. Bewertungen — auch durch körpersprachliche Signale wie Stirnrunzeln oder Achselzucken — sind selbstverständlich zu unterlassen.

Was hängt womit zusammen?

In dieser zweiten Phase der Mediation werden die Konfliktparteien zur ganzheitlichen Betrachtungsweise ihres Streits angeregt. Darunter fallen zum Beispiel folgende Fragenkomplexe: Aus welchen Perspektiven kann man eine Immobilie und die Preisbildung betrachten? Was ist für die Bewertung besonders wichtig: Ausstattung, Renovierungsbedarf, Mikrolage, Makrolage oder Wettbewerb?

Hier geht es also um den „Helikopter-Blick", zu dem der Mediator die Teilnehmer animieren soll. Wer das „Big Picture" sieht, kommt oft zu einer ganz anderen Einschätzung der Verhältnisse als jemand, der sich in Details verliert.

Analyse und Entscheidung

Das Bemühen um eine Konfliktlösung scheitert meist an der unzureichenden Beschreibung des Konfliktes und der relevanten Zusammenhänge. Der Mediator sollte deshalb im Zweifelsfall noch einmal nachhaken und dann die Medianten zur Analyse der gesammelten Informationen und zu einem Beschluss auffordern.

Konstruktive und destruktive Verhaltensmuster

Als Konfliktbegleiter und Mediator braucht man einen geschulten Blick für das Verhalten der Kontrahenten. Wer leistet Beiträge zur gütlichen Einigung und wer erschwert oder versucht sie zu verhindern? Die folgende Systematik kann hier hilfreich sein.

Konstruktive/leistungsorientierte Verhaltensweisen

- Initiative ergreifen
- Meinungserkundung
- Fragen stellen
- Gemeinsamkeiten feststellen

- Konsens herstellen
- Ideen einbringen
- Lösungen vorschlagen
- Einzelbeiträge koordinieren

Diese Verhaltensweisen bringen den Streitfall in der Sache voran. Bis auf „Lösungen vorschlagen“ – hier sollte sich der Vermittler eher zurückhalten – sind dies typische Funktionen des Mediators.

Konstruktive/sozio-emotionale Verhaltensweisen

- auf andere und deren Ideen positiv eingehen
- auf einen vernünftigen Umgangsstil achten
- Regeln formulieren
- verschiedene Standpunkte versöhnen
- den richtigen Ton finden

Dies sind Verhaltensweisen, die der „emotionalen Ernährung“ der Konfliktparteien dienen, also die Gesprächs- und Verhandlungsmoral fördern. Da es im Streitfall oft hart zur Sache geht, sind die erfreulichen Verhaltungsmuster eher rar, aber umso wichtiger für den Mediator. Genau auf diesem Gebiet kann man Schlichterqualitäten zeigen.

Wo Licht ist, ist meist auch Schatten, und deshalb nun noch ein Blick auf die weniger erfreulichen Verhaltensweisen. Wer beruflich häufiger an Meetings teilnimmt, kennt diese aus eigener Anschauung.

Destruktive Verhaltensmuster

- Dominieren
- Blockieren
- Ablehnung von Ideen, die nicht die eigenen sind
- „Killer-Phrasen“
- hartnäckige Argumentation zu einem Punkt
- Herabsetzung anderer Personen

- sich in den Mittelpunkt stellen
- ausgiebiges Reden
- passives Verhalten
- Rückzug in die Schmollecke

In diesen Verhaltensweisen liegt die eigentliche Herausforderung für Mediatoren. Ob jemand nun jedes Thema sofort an sich reißt, andere verunglimpft oder sich schmollend zurückzieht, weil ihm die ganze Richtung nicht passt, hier muss der Mediator geschickt eingreifen, ehe der Konflikt eskaliert. Das kann er allerdings nur, wenn seine Wahrnehmung mit den tatsächlichen Gegebenheiten halbwegs übereinstimmt.

Gegenstände der Kommunikation

Man muss wissen, worüber man redet, sonst entsteht Chaos. Das ist ein Credo des Kommunikationswissenschaftlers Paul Watzlawick. Watzlawick empfiehlt, drei Gegenstände im Interesse einer ergebnisorientierten Kommunikation auseinanderzuhalten:

1. **Inhalte:** Vordergründig sind Inhalte natürlich der zentrale Aspekt jeder Kommunikation. Man darf allerdings nicht übersehen, dass inhaltliche Auseinandersetzungen emotionale Debatten sein können, die unterschwellig Beziehungsdefizite behandeln. Eine inhaltliche Diskussion ist — wie an anderer Stelle bereits erörtert — klar von drei Strategien bestimmt: Beschreibung, Kontexterfassung und Analyse eines Tagesordnungspunktes. Tagesordnungspunkte können aber auch Beziehungen und aus den Beziehungen zwischen den handelnden Parteien resultierende Probleme sein.
2. **Beziehungen:** Die Kommunikation über Beziehungen ist eine hochsensible Angelegenheit, denn hier geht es oft um Machtverhältnisse, Interessengegensätze, Sympathie und Antipathie. Man denke nur an die typischen und zum Teil gravierenden zwischenmenschlichen Konflikte und Reibereien auf Wohnungseigentümerversammlungen, bei denen ein Mediator sehr hilfreich sein kann. Was soll beispielsweise aus dem von einer Partei auf dem Gemeinschaftsparkplatz errichteten Car-Port werden?

3. **Ziele:** Ein Ergebnis der Kommunikation ist die Definition von Zielen. Wenn ein Immobilieneigentümer das Ziel verfolgt, seine Immobilie so schnell wie möglich zum Höchstpreis zu verkaufen, handelt es sich in Wirklichkeit um zwei Ziele, die in der Regel nicht miteinander zu vereinbaren sind. Hier ist der Makler gefragt, um derartige Zielkonflikte sachkundig aufzulösen.

Die Moderations- und Mediationsaufgaben des Maklers bestehen also darin,

- die Gesprächsthemen klar zu definieren,
- einen Zielkonsens zwischen den Parteien herzustellen und
- für klare Verhältnisse zwischen den handelnden Personen zu sorgen.

5.3 SWOT-Analysen durchführen

Die SWOT-Analyse ist ein Verfahren zur Ermittlung von Stärken (Strength), Schwächen (Weaknesses), Chancen (Opportunities) und Risiken (Threats) der strategischen Ausrichtung von Unternehmen, von Geschäftsmodellen oder von Projekten. Dabei werden die eigenen Stärken und Schwächen den Chancen und Risiken des Marktes gegenübergestellt.

In der Praxis werden solche SWOT-Analysen von Verkäufern, Vermietern, Maklern, potenziellen Käufern und Mietern ständig durchgeführt, ohne dass die Akteure wissen, dass sie SWOT-Analysen machen. Als Makler kann man punkten, wenn man seine Methodenkompetenz auch hier bei passender Gelegenheit unter Beweis stellt.

Ablauf einer SWOT-Analyse

Auf einer Matrix mit vier Feldern werden den Stärken und Schwächen zum Beispiel eines Projektes deren Chancen und Risiken gegenübergestellt. Auf jeder Achse gibt es ein positives Feld mit den Stärken und Chancen und ein negatives mit den Schwächen und Risiken.

Strengths (Stärken)	Weaknesses (Schwächen)
Lage Aussicht Schulen Verkehrsanbindung etc.	Ausstattung Renovierungsbedarf Belastungen Verkehrslärm etc.
Opportunities (Chancen)	**Threats (Risiken)**
Stadtteilentwicklung Gentrifizierung (Aufwertung) Geplante Verkehrsanbindungen Geplantes Freizeitangebot etc.	Abwanderung von Einwohnern Vernachlässigung der Infrastruktur Überalterung Geplante Umgehungsstraße etc.

Abb. 15: Die SWOT-Analyse

Solche SWOT-Analysen kann man spontan mit dem Kunden durchführen und ihm bei entsprechender Sachkenntnis gegebenenfalls einen teuren Gutachter ersparen.

SWOT-Analysen eignen sich übrigens auch für die Berufs- und Karriereplanung. Auch hier sollte am Anfang eine Stärken-Schwächen-Analyse stehen, und danach muss man sich vor diesem Hintergrund den Markt bzw. die Jobangebote anschauen. Wo habe ich gute Chancen und wo liegen die Risiken? Besonders zu empfehlen ist die Vorgehensweise natürlich für jene, die den Schritt in die Selbstständigkeit als Immobilienmakler bzw. als Franchisenehmer wagen möchten.

5.4 Projektmanagement

Bei erfolgreichen Immobilienmaklern laufen diverse Vermietungs- und Verkaufsprojekte parallel, da gilt es, den Überblick zu behalten. In diesem Fall ist es sinnvoll, sich neben einer korrekten Terminplanung und -verfolgung mit den Methoden des Projektmanagements zu befassen. In Stellenangeboten gehört die Fähigkeit, Projekte umsichtig zu managen, zu den besonders gefragten Qualifikationen. Kein Wunder, denn die Arbeitswelt wird immer projektorientierter, und wer selbstständig ist, hat allemal ständig und in Eigenregie — also nicht arbeitsteilig — Projekte erfolgreich abzuwickeln.

Definitionsmerkmale „Projekt“

Ein professionelles Projektmanagement zeichnet sich durch die folgenden Elemente aus.

- **Klares Ziel**: Das Projektziel bzw. die Zwischenziele sind eindeutig definiert, so dass am Ende zweifelsfrei festgestellt werden kann, ob man erfolgreich war.
- **Ressourcen**: Die finanziellen und personellen Ressourcen sind vorab realistisch geklärt und von den Entscheidungsträgern („Stakeholdern“) verabschiedet.
- **Zeitplan**: Meilensteine (Checkpoints) sind festgelegt und der Fortschritt des Projekts wird regelmäßig kontrolliert.

Kritische Faktoren

- **Zeit** (Deadline): Es ist vorab der Zeitpunkt für den erfolgreichen Abschluss des Projektes zu bestimmen. Ein Überschreiten der Deadline verursacht Kosten und kann das ganze Projekt scheitern lassen. Drei eklatante Beispiele hierfür sind: der Flughafen Berlin-Brandenburg, die Elbphilharmonie in Hamburg und der Bahnhof in Stuttgart.
- **Qualität** (Qualitätsstandard): Zeitdruck und mangelnde Ressourcen mindern meist die Qualität der Ergebnisse eines Projekts.
- **Kosten** (Budget): Häufig geraten die Kosten außer Kontrolle, so dass sich manchmal das gesamte Projekt nicht mehr rechnet.

Projektzyklus

- **Spezifikation/Umfang**: Am Anfang steht die Absprache mit dem Auftraggeber, d. h. es werden Auftrag und Umfang des Auftrags festgelegt. Unklarheiten garantieren später Ärger.
- **Planungsphase** (Reihenfolge von Aufgaben/Aktivitäten): Hier werden die notwendigen Strukturpläne erstellt (siehe im Anschluss).
- **Übergabe**: In dieser Station wird dem Auftraggeber der erfolgreiche Abschluss des Projekts übermittelt.
- **Rückschau**: Nach der Abwicklung eines Projektes ist sorgfältig zu prüfen, was gut gelaufen ist und was man hätte besser machen können.

Strukturplan 1: Was muss wann von wem geliefert oder produziert werden?

In diesem Strukturplan („deliverables“) wird aufgelistet, was man für ein bestimmtes Projekt braucht bzw. wer sich verantwortlich darum kümmert, dass alles rechtzeitig zur Stelle ist. Für den Strukturplan 1 ist es charakteristisch, dass in dem Plan ausschließlich mit Substantiven gearbeitet wird. Oder anders gesagt: Es handelt sich bei diesem Strukturplan 1 um die Bewältigung logistischer Aufgaben – es müssen *Dinge* beschafft werden. Welche Dinge das sind, dazu finden Sie im Folgenden einige Beispiele, die im Rahmen eines Immobilienverkaufsprojekts von hoher Bedeutung sind.

- Exposé/Verkaufsprospekt
- Online-Präsentation des Objekts
- Zeitungsanzeige
- Schild
- Fensterplakat
- Flyer

Strukturplan 2: Was muss wann von wem getan werden, damit die zu benötigten Produkte bzw. Hilfsmittel zur Verfügung stehen?

In diesem Strukturplan werden Tätigkeiten aufgelistet (also Verben) und die Zuständigkeiten und Termine geklärt. Hier einige Beispiele:

- Daten bzw. Informationen über das Objekt beschaffen, das Exposé abfassen und drucken,
- Online-Auftritt gestalten und organisieren,
- Zeitungsanzeige texten, Medium auswählen und Anzeige schalten,
- Angebote zu Schildern einholen und diese(s) bestellen,
- Flyer texten, gestalten und versenden.

Logistik: Von der Quelle zur Senke

Einkauf, Beschaffung, Spedition, Transport — dieses und vieles mehr gehört zum Oberbegriff Logistik. Grundsätzlich geht es in der Logistik darum, Güter von einer definierten „Quelle“ zu einer „Senke“ zu bringen. Unter „Quellen“ versteht man den Herkunftsort von Gütern und unter „Senke“ deren Zielort bzw. Verbrauchsort.

Die entscheidende Herausforderung der Logistik besteht nun darin,

- die richtigen Güter,
- in der richtige Menge,
- am richtigen Ort,
- zum richtigen Zeitpunkt,
- in der richtigen Qualität,
- für den richtigen Kunden und
- zu den richtigen Kosten

bereitzustellen. Man spricht hierbei von der Seven-Rights-Formel, weil es eben um sieben Dinge geht, die in diesem Zusammenhang richtig zu machen sind. Außerdem geht es nicht immer nur um Güter, sondern auch um Personen und Informationen. Wenn an einer Stelle etwas schief läuft, kann das gesamte Projekt scheitern bzw. sich verzögern.

Woran Projektteams scheitern

Viele Projekte werden in Teamarbeit abgewickelt, und da kommt es nicht selten zu Reibungsverlusten. Man muss die Ursachen kennen, um rechtzeitig gegensteuern zu können. Hier ist ein Ranking der wichtigsten Gründe für das Scheitern von Teams:

1. Kommunikationsschwierigkeiten
2. Unklarer Auftrag
3. Keine Kultur der Zusammenarbeit
4. Unausgesprochene Konflikte
5. Fehlendes Vertrauen im Team
6. Machtkämpfe
7. Ineffektive Teamsitzungen
8. Kein eindeutiger Teamleader
9. Dominanz eigener Interessen
10. Zeitmangel

Dies ergab eine Befragung von Geschäftsführern der Akademie für Führungskräfte der Wirtschaft GmbH.

5.5 Prioritäten setzen: Das Eisenhower-Prinzip

Man nehme als Ausgangspunkt den Autofahrer, der sich wegen eines Zeitvorteils von zehn Minuten den Hals bricht. Die posthume Frage lautet: War die Sache, um die es ihm ging, wichtig und dringlich? Die richtige Antwort auf diese grundsätzliche Frage des Zeitmanagements ist zuweilen existenzentscheidend. Die Kenntnis und das Beherzigen des Eisenhower-Prinzips (Dwight

D. Eisenhower war der 34. US-Präsident) hätte dem unglücklichen Autofahrer eventuell das vorzeitige Ableben erspart und könnte viele Manager vor Herzneurosen und Schlimmerem schützen. Was also hat es mit dem Eisenhower-Prinzip auf sich?

Wie bereits angedeutet, sortiert man Aufgaben unter zwei Fragestellungen:

1. Wichtig oder unwichtig?
2. Eilig oder nicht eilig?

Bei dieser Vorgehensweise gelangt man zu vier Aufgabentypen:

- Aufgaben, die wichtig und eilig sind,
- Aufgaben, die wichtig, aber nicht eilig sind,
- Aufgaben, die weniger wichtig, aber eilig sind,
- Aufgaben, die weniger wichtig und nicht eilig sind.

Eisenhower ist mit diesen Gruppen folgendermaßen umgegangen:

- Unwichtig und nicht eilig: Papierkorb,
- Weniger wichtig und eilig: delegieren,
- Wichtig, aber nicht eilig: in die Zeitplanung aufnehmen,
- Wichtig und eilig: sofort anpacken.

Das Eisenhower-Prinzip ist einfach und dennoch eine praktikable Grundlage für erfolgreiches Handeln.

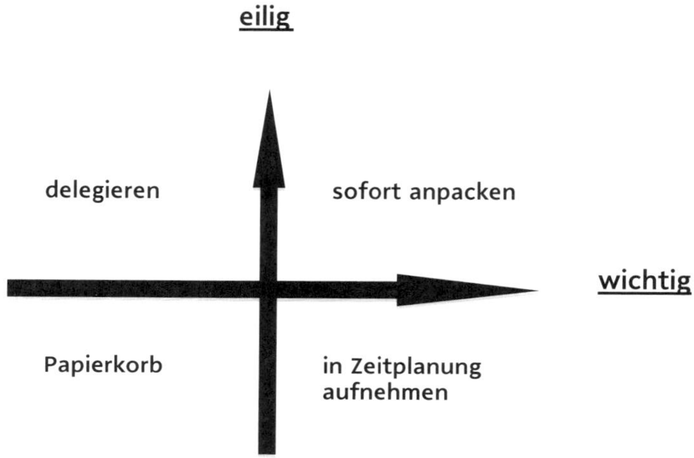

Abb. 16: Das Eisenhower Prinzip

6 Der Schritt in die Selbstständigkeit als Makler

Im Jahre 2002 wurde die „Ich-AG" zum Unwort des Jahres gewählt. Die Begründung lautete damals: Das Individuum wird als Aktiengesellschaft auf ein „sprachliches Börsenniveau" reduziert. Schlimmer noch war allerdings, dass diese Wortschöpfung manchen auf die falsche Fährte gelockt hat. Vorrangig jene, die schnell reich werden wollten und dafür nicht einmal einen vernünftigen Businessplan aufstellen mussten. Das alles ist einstweilen Geschichte, und so mancher Gründer hat nicht nur die staatlichen Zuschüsse verbraucht, sondern stand am Ende auch noch vor einem Schuldenberg.

Vor dem Schritt in die Selbstständigkeit steht — bei aller Leidenschaft — das nüchterne Kalkül. So sind beispielsweise betriebswirtschaftliche Kenntnisse eine wichtige Voraussetzung für erfolgreiche Gründungen. Mangelt es daran, ist es sehr wahrscheinlich, dass die eigene Geschäftsgründung bereits in den ersten drei Jahren wieder scheitert.

6.1 Die Folgen der Selbstständigkeit

Worauf lässt man sich bei der Gründung einer selbstständigen Existenz ein? Die entscheidende Frage lautet zunächst, ob man von der Persönlichkeit her die wichtigsten Eigenschaften für eine Berufstätigkeit als freier Unternehmer mitbringt. Wer aus seinem Angestelltenverhältnis ausbrechen möchte, weil er das betriebliche Zeitkorsett, die Vorgaben und Weisungen von Vorgesetzten und sonstige Abhängigkeiten leid ist, wird sich später wundern, mit welchen neuen Zwängen, Abhängigkeiten und Unwägbarkeiten er es zu tun bekommt.

Mit den Vorsorgemaßnahmen — Kranken-, Renten- und Arbeitslosenversicherung — geht es los, bei denen man von keinem Arbeitgeber unterstützt wird, sondern deren Kosten man allein zu tragen hat. Das kann in der Startphase bei mangelnden finanziellen Rücklagen zu Problemen führen, denn die Umsätze sind ja nicht gleich so, wie man sich das wünscht. Gravierender noch sind die Abhängigkeiten von den Marktbedingungen, also von Kunden und Mitbewerbern. Was schlussendlich die Arbeitszeiten, das Zeitbudget und den Termindruck betrifft, so darf man sich als Selbstständiger keinen Illusionen hingeben, die Belastung wird hoch sein. Aber wenn die Aufgabe zu einem passt und das Geschäftsmodell stimmt, hat die Selbstständigkeit einen unschätzbaren Vorteil im Vergleich zum Angestelltendasein: Man ist Herr im eigenen Haus.

6.2 Franchising im Immobilienmarkt

Am Anfang des Erfolgs steht eine gute Geschäftsidee, ein durchdachtes Geschäftsmodell und eine hinreichende Kapitalausstattung. Das gilt auch für das Franchising! Hierbei nutzen Franchisenehmer das Geschäftskonzept eines Franchisegebers. Unter diesen Voraussetzungen und vor allem bei der Auswahl geeigneter Franchisenehmer sind erfahrungsgemäß 90 Prozent der Franchiseunternehmen erfolgreich.

Wer sich mit dem Gedanken trägt, seine berufliche Zukunft in der Selbstständigkeit eines Franchisenehmers zu suchen, sollte sich vorher aber gründlich mit den Vor- und Nachteilen des Franchisesystems befassen.

Vorteile von Franchise-Modellen

- Die Produkte und Dienstleistungen haben einen mehr oder weniger hohen Bekanntheitsgrad.
- Der Markteintritt für Existenzgründer wird erleichtert.
- Das unternehmerische Risiko (Kapitalaufwand) hält sich in Grenzen.
- Bei einem etablierten Franchise-Modell werden dem Franchisenehmer in der Regel von den Banken höhere Kreditlinien eingeräumt.
- Bei vielen Franchise-Modellen kann der Franchisenehmer ein vorhandenes Filialnetz nutzen.
- Oft wird dem Franchisenehmer vom Franchisegeber Gebietsschutz eingeräumt, so dass dieser sich nicht mit der Konkurrenz aus dem eigenen Unternehmen auseinandersetzen muss.
- Der Franchisenehmer wird von der Franchisezentrale in seinen Vertriebsaktivitäten unterstützt (Schulungen, Werbung, Werbematerial, Marketingaktionen, Entwicklung neuer Produkte etc.).

- Der Franchisenehmer kann Größenvorteile zum Beispiel beim Einkauf nutzen.
- Der Franchisenehmer wird in den die Geschäftsaktivitäten betreffenden juristischen Fragen unterstützt.
- Der Franchisenehmer ist zwar ein selbstständiger Unternehmer, genießt aber den fachlichen und meist auch emotionalen Rückhalt eines Teams.

Nachteile von Franchise-Modellen

- Der unternehmerische Gestaltungsspielraum ist eingeschränkt, da bestimmte Vorgaben eingehalten werden müssen. Entscheidungen der Geschäftsführung, die (möglicherweise) negative Auswirkungen auf das eigene Geschäft haben, sind zu akzeptieren.
- Die Modelle bzw. Angebote verschiedener Franchiseunternehmen sind oft schwer vergleichbar bzw. einzuschätzen.
- Der Franchisenehmer kann nach Vertragsende in der Regel nicht frei über seinen Betrieb verfügen. Der Franchisegeber behält sich oft vor, Käufer oder Erben abzulehnen bzw. ein eigenes Vorkaufsrecht wahrzunehmen.
- Der Franchisenehmer muss Franchisegebühren zahlen, die sich auf bis zu 50 Prozent des eigenen Umsatzes belaufen können.
- Das Image des Franchisenehmers kann unter Aktionen des Franchisegebers leiden.
- Da Fehlentscheidungen bei der Auswahl geeigneter Franchisenehmer den gesamten Unternehmenserfolg beeinträchtigen oder gar gefährden können, haben große Franchiseunternehmen Auswahlverfahren entwickelt, an denen Interessenten schon vorab scheitern können.

Franchise- und Lizenzgeber im Immobilienmarkt

Juristisch gesehen schließen Franchisegeber und -nehmer einen Vertrag ab, durch den der Franchisegeber Nutzungsrechte gegen eine Lizenzgebühr abtritt. Die bekanntesten Franchise-Modelle stammen seitdem aus dem Bereich der Gastronomie und Hotellerie, aber inzwischen haben sie sich in fast allen Branchen etabliert. Nach Franchisegebern im Immobilienmarkt können Sie unter anderem suchen im Internet unter www.franchisedirekt.com oder unter www.franchise-portal.de. Die folgenden Angaben sind auch dieser Internetseite entnommen.

- **ACKON Immobilien**
  Immobilien-Franchise Immobilienvermittlung
  Eigenkapitalbedarf ab 495 EUR
  www.ackon.de
- **amarc21**
  Franchise-Ausbildung zum Immobilienmakler
  Eigenkapitalbedarf k. A.
  www.amarc21.de
- **CENTURY 21 Deutschland**
  Immobilien-Franchise für Immobilienmakler
  Eigenkapitalbedarf ab 10.000 EUR
  www.century21.de
- **DAHLER & COMPANY**
  Lizenzen für die Vermittlung hochwertiger Wohn- und Anlageimmobilien
  Eigenkapitalbedarf ab 30.000 EUR
  www.dahlercompany.de
- **ELLWANGER & GEIGER Private Immobilien**
  Immobilien-Franchise für die Vermittlung von Privatimmobilien
  Eigenkapitalbedarf ab 20.000 EUR
  www.privatbank.de
- **ENGEL & VÖLKERS**
  Vermittlung von hochwertigen Wohn- und Gewerbeimmobilien
  Eigenkapitalbedarf ab 50.000 EUR
  www.engelvoelkers.com
- **ERA**
  Immobilien-Franchise für Immobilienmakler
  Eigenkapitalbedarf k. A.
- **Falc Immobilien**
  Lizenzen für Immobilienvermittlung
  Eigenkapitalbedarf ab 2.500 EUR
  www.falcimmo.de
- **FAVORIT-Massivhaus**
  Immobilien-Lizenzen: Vertrieb und Bau von Massivhäusern
  Eigenkapitalbedarf k. A.
  www.favorit-haus.de

- **HYPO Capital**
  Lizenzen für Immobilienvermittlung
  Eigenkapitalbedarf ab 5.000 EUR
  www.hypocapital.de
- **ILO-Immobilien**
  Vermietung von Ladenlokalen
  Franchise-System
  Eigenkapitalbedarf ab 0 EUR
  www.ilo-immobilien.de
- **IMC-Passivhaus**
  Immobilien-Franchise: Bauträger für massive Passivhäuser
  Eigenkapitalbedarf k. A.
  www.imc-passivhaus.de
- **ImmoSky**
  Immobilien-Lizenzen für Immobilienvermittlungen
  Eigenkapitalbedarf ab 5.000 EUR
  www.immosky.de
- **Porta Mondial**
  Immobilien-Franchise: Vermittlung ausgewählter Immobilien
  Eigenkapitalbedarf ab 20.000 EUR
  www.portamondial.com
- **RE/MAX Deutschland**
  Franchise: Immobilienvermittlung & Vertrieb, Immobilienagenturen, Gemeinschaftsbüros
  Eigenkapitalbedarf ab 28.000 EUR
  www.remax.de
- **Town & Country Haus**
  Verkauf und Erstellung von typisierten Massivhäusern
  Franchise-System
  Eigenkapitalbedarf ab 50.000 EUR
  www.hausausstellung.de
- **VON POLL IMMOBILIEN**
  Lizenzen für die Vermittlung von hochwertigen Immobilien
  Eigenkapitalbedarf k. A.
  www.von-poll.de

Geschichte des Franchising

Die Filialen von Franchise-Unternehmen prägen seit Jahren das Gesicht der Innenstädte. Als Erfinder des Franchise-Systems gilt Ray Kroc, Gründer der McDonalds Corporation. 1955 eröffnete Ray Kroc das erste McDonald‘s Restaurant in Des Plaines, Illinois. Damit begann eine einzigartige Erfolgsstory. Am Anfang standen der Zufall und das Gespür für ein innovatives Geschäftsmodell. 1954 wollte Ray Kroc den Brüdern Richard und Maurice McDonald nur einige Milchshake-Mixer für ihr Restaurant in San Bernardino, Kalifornien, verkaufen. Doch das Konzept dieses Restaurants begeisterte ihn, denn die Brüder führten ein Restaurant, in dem sie Hamburger, Pommes frites und Getränke extrem schnell zubereiteten — und zwar mit höchster Qualität, freundlichem Service und zu günstigen Preisen. So erwarb Kroc die Lizenz, Restaurants nach dem gleichen Prinzip zu eröffnen. Das Franchise-System von McDonald's war geboren.
Quelle: www.mcdonalds.de

6.3 Das Einzelunternehmen als Rechtsform

Einzelunternehmen haben nur einen Inhaber bzw. eine Inhaberin. Insbesondere kleine und mittlere Firmen entscheiden sich für diese Rechtsform, die damit die häufigste rechtliche Organisationsform in der deutschen Wirtschaft ist. Wer ein Einzelunternehmen gründet, hat das Kürzel e.K. bzw. e.Kfr für „eingetragene/r Kaufmann/Kauffrau“ zu tragen. Als Inhaber und Geschäftsführer des Unternehmens besitzt man alle Rechte und alle Pflichten. Als Einzelunternehmen braucht man kein Mindestkapital, haftet aber unbeschränkt für sämtliche Verbindlichkeiten mit dem Geschäfts- und dem Privatvermögen.

Solange es sich bei dem Einzelunternehmen um ein Kleingewerbe handelt, erfolgt kein Eintrag in das Handelsregister. Als Kleingewerbe gilt man nur dann, wenn das Unternehmen seinen Umsatz nicht aus Großaufträgen erzielt. Außerdem darf kein kaufmännisches Personal beschäftigt werden, es wird keine Bilanz erstellt und eine überregionale Tätigkeit ist ebenfalls nicht zulässig. Die Einstufung wird immer im Einzelfall vorgenommen und kann nicht verallgemeinert werden. Treffen diese Bedingungen nicht mehr zu, muss man das Gewerbe eintragen lassen.

6.4 Die Antragsstellung als Immobilienmakler

Im Rahmen der Antragstellung wird die persönliche Zuverlässigkeit des Antragstellers geprüft. Dazu müssen Unterlagen vorgelegt werden, die teilweise gebührenpflichtig sind. Für die Erteilung einer Erlaubnis zur selbstständigen Berufsausübung als Immobilienmakler sind folgende Unterlagen vorzulegen:

- Antrag auf Erlaubniserteilung nach § 34 c GewO,
- Kopie des Personalausweises/Passes,
- steuerliche Unbedenklichkeitsbescheinigung des Finanzamtes,
- steuerliche Unbedenklichkeitsbescheinigung der Stadtkasse (diese ist nur erforderlich, falls der Antragsteller bereits gewerblich tätig war),
- Bescheinigung des Amtsgerichts, dass kein Insolvenzverfahren anhängig ist,
- Auskunft aus der Schuldnerkartei vom Amtsgericht,
- Führungszeugnis (nicht älter als 6 Monate),
- Auszug aus dem Gewerbezentralregister (nicht älter als 6 Monate).

Es ist generell ratsam, vorab das Gespräch mit dem Ordnungsamt zu suchen, um frühzeitig zu klären, welcher Verwaltungsaufwand auf einen zukommt. Fallweise können nämlich auch noch weitere Bescheinigungen erforderlich sein.

Test: Soll ich den Schritt in die Selbstständigkeit wagen?

Der folgende Test soll Ihnen zu einer ersten Orientierung dienen, ob Sie der Typ für eine selbstständige Berufstätigkeit sind. Kreuzen Sie dazu von den drei Alternativen „stimmt“, „dazwischen“ und „stimmt nicht“ die an, die Ihrer Meinung nach am ehesten zutrifft.

ARBEITSHILFE ONLINE

1. Ich bin sehr diszipliniert. ☐ stimmt ☐ dazwischen ☐ stimmt nicht	
2. Leider gibt es einen großen Gegensatz zwischen Leben und Arbeit. ☐ stimmt ☐ dazwischen ☐ stimmt nicht	
3. Es fällt mir nicht schwer, andere um etwas zu bitten. ☐ stimmt ☐ dazwischen ☐ stimmt nicht	

4. Das Schönste an der Selbstständigkeit ist, von niemandem abhängig zu sein. ☒ stimmt ☐ dazwischen ☐ stimmt nicht	0
5. Unangenehme Telefonate erledige ich meist sofort. ☐ stimmt ☐ dazwischen ☒ stimmt nicht	0
6. Mir ist es immer schwer gefallen, mich unterzuordnen. ☒ stimmt ☐ dazwischen ☐ stimmt nicht	0
7. Zu meinen Stärken zähle ich Beharrlichkeit und Durchsetzungsvermögen. ☐ stimmt ☒ dazwischen ☐ stimmt nicht	1
8. In meinem bisherigen Leben war ich eigentlich immer sehr auf Sicherheit bedacht. ☒ stimmt ☐ dazwischen ☐ stimmt nicht	0
9. Ich habe einige gute Ideen, die sich bestimmt vermarkten lassen. ☐ stimmt ☐ dazwischen ☒ stimmt nicht	1
10. Mit Misserfolgen und Niederlagen quäle ich mich meist längere Zeit herum. ☐ stimmt ☐ dazwischen ☒ stimmt nicht	2
11. Ich kann einen Standpunkt eigentlich immer sicher und überzeugend vertreten. ☒ stimmt ☐ dazwischen ☐ stimmt nicht	2
12. Selbstständigkeit heißt vor allem, dass man selbst bestimmt, wann Feierabend ist. ☒ stimmt ☐ dazwischen ☐ stimmt nicht	0
Summe	4

Auswertung

Bei den Fragen im Test mit den ungeraden Zahlen notieren Sie in der Spalte rechts, wenn Sie „stimmt" angekreuzt haben, 2 Punkte. Für die Antwort „stimmt nicht" gibt es 0 Punkte.
Genau umgekehrt ist es bei den Testfragen mit geraden Zahlen: Haben Sie „stimmt nicht" angekreuzt, geben Sie sich 2 Punkte, für die Antwort „stimmt" 0 Punkte.
Wenn Sie „dazwischen" angekreuzt haben, geben Sie sich — egal bei welcher Frage — immer 1 Punkt.

Dann addieren Sie die Punkte und lesen hier die Bedeutung Ihrer jeweiligen Punktzahl nach:

Interpretation

12 — 9 Punkte	Sie können es schaffen, weil Sie zumindest nicht blauäugig in die Selbstständigkeit starten würden. Sie wissen, worauf es ankommt, und schreiben sich Eigenschaften zu, die für eine selbstständige Tätigkeit unverzichtbar sind. Jetzt brauchen Sie noch ein gutes Geschäftsmodell oder das zu Ihnen passende Angebot eines Franchisegebers.
8 — 5 Punkte	Normalerweise müsste man bei diesem Ergebnis abraten – es sei denn, Sie haben eine unwiderstehliche Produktidee.
4 — 0 Punkte	Lieber nicht!

7 Aufbau und Entwicklung eines eigenen Immobiliengeschäfts: Strategie und Taktik

Die Begriffe „Strategie“ und „Taktik“ gehen vielen Menschen schnell und häufig über die Lippen, oft ohne zu wissen, was damit gemeint ist und worin der Unterschied besteht. Strategie ist aber nun die grundsätzliche, langfristige Verhaltensweise, die aus der Kombination vielfältiger „taktischer“ Einzelmaßnahmen zur Verwirklichung von Zielen besteht. Wenn ein Dienstleistungsunternehmen zum Beispiel das strategische Ziel der Qualitätsführerschaft anstrebt, muss es ein ganzes Bündel an Einzelmaßnahmen (richtige Personalauswahl, Aus- und Weiterbildung, Qualitätskontrolle, Marketing etc.) effizient umsetzen.

Bei kleineren Betrieben bzw. Dienstleistern ist von einer strategischen Ausrichtung oft wenig zu sehen. Alle machen ihren Job, der aus einer Aneinanderreihung von Aktionen besteht, und dann wundert man sich am Ende, dass bei allem Fleiß nicht viel herausgekommen ist.

Motivation: Analyse der Grundverhältnisse nach Clausewitz

Carl von Clausewitz (1780 — 1831) war ein preußischer General, Heeresreformer und Militärtheoretiker. Bekannt wurde er durch sein Hauptwerk „Vom Kriege“ (Berlin 1880). Seine Theorien über Strategie und Taktik werden bis heute an den großen Militärakademien des Westens gelehrt. Darüber hinaus finden sie im Bereich der Unternehmensführung und im Marketing Anwendung.

Eine seiner Kernaussagen lautet, dass sich die eigene Stärke ebenso wie die des Mitbewerbers durch ein Produkt ausdrücke, das sowohl von der Größe der vorhandenen Mittel als auch von der Willensstärke abhänge, wobei die Willenskraft eine kaum genau zu bestimmende Größe darstellt und stark an die Stärke des eigenen Handlungsmotiv gekoppelt ist.

Diese Rechnung ist bestechend klar: Je mehr Willenskraft seitens der handelnden Personen gegeben ist — heute würde man von Motivation sprechen —, desto weniger materielle bzw. finanzielle Ressourcen müssen eingesetzt werden, um die definierten Ergebnisse zu erzielen. Wer für

seine Berufstätigkeit ein gutes Motiv hat und dies auch noch eventuellen Mitarbeiterinnen und Mitarbeitern überzeugend vermitteln kann, spart materielle Ressourcen. Es sind die immateriellen Energien, die ganz entscheidend den Erfolg ausmachen.

7.1 Über „ballistisches" Verhalten

Es gibt eine menschliche Neigung, Aktionen durchzuführen und sich um die Folgen bzw. deren Neben- und Fernwirkungen nicht mehr zu kümmern. Der Psychologie-Professor Dietrich Dörner mit den Forschungsschwerpunkten Kognitionspsychologie, Denken und Handlungstheorie nennt diese Gewohnheit „ballistisches Verhalten" und zieht den Vergleich zum Abschuss einer Kanonenkugel. Diese fliegt ihre Bahn, ohne dass sie sich noch aufhalten lässt oder man nachsteuern kann.

„Ballistisches Verhalten" hat für die handelnden Personen zunächst Vorteile, denn der Misserfolg stellt sich ja nicht sofort ein. Wer die Betrachtung der Folgen von Maßnahmen unterlässt,

- vermeidet die Konfrontation mit den negativen Konsequenzen des Handelns,
- vermeidet gegebenenfalls eine Konfrontation mit der Erfolglosigkeit des eigenen Tuns,
- bewahrt die dem Selbstwertgefühl förderliche „Kompetenzillusion" und
- kann sich neuen Aufgaben zuwenden.

Wer langfristig als Immobilienmakler bzw. Dienstleister erfolgreich sein will, muss die Tendenz zum „ballistischen Verhalten" gegebenenfalls selbstkritisch erkennen, sich ständig um eine Effektkontrolle des eigenen Handelns bemühen und — falls angezeigt — seine Handlungsstrategien revidieren. Die Ergebnisse der Effektkontrolle bzw. Revision können bestehen in

- der Korrektur falscher Verhaltenstendenzen (kein vernetztes Denken, voreilige Extrapolationen etc.),

- der Korrektur fehlerhafter Annahmen über die Realität (unvollständiges oder ungenaues Bild von den Märkten, Kunden und Mitbewerbern),
- der Erkenntnis, dass man ungeeignete Maßnahmen richtig oder
- richtige Maßnahmen falsch durchgeführt hat und
- in der Bestätigung, auf dem richtigen Weg zu sein.

In den folgenden Kapiteln geht es nun um die strategische Ausrichtung der unternehmerischen Aktivitäten als Immobilienmakler und die den Erfolg begünstigenden taktischen Einzelmaßnahmen.

7.2 Die Unique Selling Proposition (USP)

Das ist das Ziel aller Sehnsüchte und die Grundlage des Erfolgs — unverwechselbar zu sein. Das ist es, was man unter Identität versteht. Dies gilt nicht nur für Unternehmen und ihre Produkte, sondern auch für den einzelnen Menschen.

Im Marketing und Verkauf gibt es hierfür den Begriff „Unique Selling Proposition", kurz USP genannt. Gemeint sind damit Alleinstellungsmerkmale eines Anbieters von Produkten und Dienstleitungen. Wer über solche Alleinstellungsmerkmale nicht verfügt, also nur „Me-too-Produkte" (Nachahmerprodukte) zu bieten hat, kann nur den unerfreulichen Weg über den Preis gehen, also Mitbewerber unterbieten.

7.3 Das Strategische Wettbewerbsdreieck

Wie kommt man als Immobilienmakler zu seinem USP? Hilfreich ist hier das Strategische Wettbewerbsdreieck, das die Wettbewerbssituation von Marktteilnehmern mit den entscheidenden Wettbewerbsparametern abbildet.

Abb. 17: Das Strategische Wettbewerbsdreieck

Das Wettbewerbsdreieck zeigt also die Lage, in der sich jeder Unternehmer bzw. Selbstständige befindet. Er ist nicht allein im Markt, sondern muss sich im Wettbewerb mit anderen Anbietern um eine begrenzte Anzahl von Kunden bemühen. Konkret heißt dies, seinen USP, also das Besondere am eigenen Angebot, auszuarbeiten und den potenziellen Kunden zu kommunizieren.

Wettbewerbsparameter

Die Ansatzpunkte zur Erarbeitung einer Unique Selling Proposition sind die gegebenen Wettbewerbungsparameter, die man in zwei Gruppen aufteilen kann, die Hardwarekomponenten und die Softwarekomponenten.

Hardwarekomponenten („hard facts“)

- **Kosten und Preis**: Preisführerschaft ist vor allem bei Discountern eine Strategie zur Fernhaltung von Wettbewerbern und zur Ausweitung der eigenen Marktanteile.
- **Qualität**: Mit der Qualitätsführerschaft setzen sich Unternehmen mit der Güte ihrer Produkte oder Dienstleistungen von den Mitbewerbern ab.

- **Lieferpolitik bzw. Schnelligkeit**: Bei diesem Wettbewerbsparameter geht es um Liefertreue bzw. um die Zeit, die ein Unternehmen vom Zeitpunkt der Bestellung bis zur Lieferung eines Produktes benötigt.

Diese drei Parameter lassen sich nicht gemeinsam optimal realisieren. Kein Unternehmen kann qualitativ hochwertige Produkte oder Dienstleistungen zu Niedrigstpreisen und dann auch noch sofort liefern. In der Regel muss ein Unternehmen zwei dieser drei Parameter in sein Geschäftsmodell integrieren. Wenn beispielsweise ein Schlüsseldienst seine Leistung so schnell wie möglich auch am Sonntag erbringen soll, wird die Sache eben teurer. Aus Kostengründen entscheidet sich ein Automobilhersteller für längere Lieferzeiten, weil beispielsweise der Ausbau der Fertigungskapazitäten bei der gegebenen Marktentwicklung riskant wäre. Auch ein Berater muss hier eine strategische Entscheidung treffen. Eine schnelle Abwicklung bei schwachen personellen Ressourcen ist oft nur auf Kosten der Qualität möglich.

Softwarekomponenten („soft facts")

- **Kommunikation:** Die Art und Weise, wie man im Markt und insbesondere mit seinen Kunden kommuniziert, trägt erheblich zum Geschäftserfolg bzw. zum Misserfolg bei. Mit missverständlichen Anglizismen in den Unternehmensslogans geht es los, die können für eine gehörige Portion Spott sorgen, wie die Beispiele Douglas und Schlecker gezeigt haben. Die Botschaften, die diese Filialisten gewollt oder ungewollt in die Märkte bzw. an die Bevölkerung abgesetzt hatten, erwiesen sich als kontraproduktiv und eher geschäftsschädigend.
  Zur Kommunikation gehört auch, ob man in einer Hotline schnell einen kompetenten Gesprächspartner findet oder bei nerviger Musik ausgehungert wird. Und natürlich kommt es nicht gut an, wenn man auf einen versprochenen Rückruf bis zum Sankt-Nimmerleins-Tag warten darf.
  Das Was und das Wie der Kommunikation zählt und bestimmt neben der Qualität das Image von Unternehmen.

- **Image:** Das Image wird dadurch bestimmt, ob ein Unternehmen, ein Produkt oder eine Person eher aus einem positiven oder einem negativen Blickwinkel gesehen wird. Insbesondere bei Dienstleistungen wird die vor-

teilhafte oder weniger vorteilhafte Perspektive durch das Verhalten der Personen bestimmt, die diese Leistungen erbringen.
Besonders Makler haben da ein Imageproblem, wird ihnen doch gerne unterstellt, kaum etwas über das Objekt, das sie anpreisen, zu wissen und nur nach der Provision von zwei Monatsnettokaltmieten plus Mehrwertsteuer zu gieren. Hängt einem Makler ein solches Image einmal an, wird er es nur schwer wieder los.
Da nicht nur in den Medien schlechte Nachrichten gute Nachrichten sind und Aufreger mit besonderer Aufmerksamkeit belohnt werden, finden die positiven Beispiele weniger Beachtung. Aber jeder Immobilienberater, der sein Geschäftsmodell auf Langfristigkeit anlegen möchte, ist gut beraten, seine Aufträge so abzuwickeln, dass er bei seinen Kunden in guter Erinnerung bleibt.

- **Kundenorientierung:** Das Denken, Sprechen und Handeln gegenüber den Kunden muss verständlich und nachvollziehbar sein. Um es am Beispiel von Reklamationen deutlich zu machen, bei denen sich viele Unternehmen schwer tun und Kunden auf Nimmerwiedersehen verärgern: Aldi nimmt grundsätzlich alles zurück, was dem Kunden nicht gefällt oder zu beanstanden ist. Es gibt Geld oder neue Ware. Dies ist nur ein Grund dafür, warum der Discounter seit Jahrzehnten zu den kundenorientiertesten Unternehmen des Landes gehört. Der Kern der Kundenorientierung ist natürlich das Angebot von Produkten, die sich die Kunden wünschen, und zwar zu einem Preis, der überzeugt.

- **Service:** Und wie sieht es bei Aldi, um bei diesem Beispiel zu bleiben, mit dem Service aus? Steht an der Kasse jemand, der die Ware für den Kunden einpackt? Kann man jemanden fragen, wo gegebenenfalls die Worcestersoße zu finden ist, und der einen dann auch noch zum Regal begleitet? Fehlanzeige, und zwar aus gutem Grund: Kundenorientierung und Service sind zwei verschiedene Schuhe. Kundenorientiert muss jedes Unternehmen sein, wenn es überleben will, wie viel unentgeltlichen Service es bieten möchte, ist dagegen eine Frage des Geschäftsmodells. Am kostspieligen Service kann man als Unternehmer auch zugrunde gehen. So muss denn insbesondere jeder Anbieter von Dienstleistungen für sich entscheiden, welchen Service er gratis zum Zweck der Kundenbindung anbieten möchte und welcher Service kostenpflichtig sein soll. Der Mineralölkonzern Shell etwa hat beschlossen, sich das Aufpumpen von Autoreifen bezahlen zu lassen. Das Prüfen des Luftdrucks bleibt nach wie vor kostenfrei.

Soviel zu den „weichen“ Wettbewerbsparametern. Wer sich als Immobilienberater nun fragt, wo denn die Wettbewerbsvorteile bzw. der USP zu haben seien, kann nur auf die Softwarefaktoren kommen, denn es ist unwahrscheinlich, dass man durch die Senkung von Provisionen — also der Preise — mehr Erlöse generiert. Wenn viele Mitbewerber ebenfalls qualitativ gute Beratungsleistungen abliefern und auch noch schnell sind, bleiben nur noch die „soft facts“, mit denen man sich profilieren kann. Und genau die bestimmen die Identität, also die Unverwechselbarkeit einer Beratungsleistung und damit eines Beraters.

Ein Beispiel für eine historisch einmalige Erfolgsgeschichte eines Produkts, die in den sogenannten „weichen Faktoren“ gründet: 1897 gelang Chemikern von Bayer die erste Reinsynthese der Acetylsalicylsäure. Die Leistung von damals soll nicht geschmälert werden, aber langfristig entscheidend für den Unternehmenserfolg war die Tatsache, dass man der Acetylsalicylsäure eine Persönlichkeit mit dem Namen Aspirin gab. Natürlich gibt es längst Kopien in Form von Generika, aber viele Kunden ziehen das deutlich teurere Original vor.

Somit kann man Aspirin als klassischen Vertreter einer Unique Selling Proposition bezeichnen, und wer solche Alleinstellungsmerkmale für sich als Immobilienvermittler gefunden hat, wird überdurchschnittlich erfolgreich sein.

Kriterien für einen Wettbewerbsvorteil

Ein Wettbewerbsvorteil wird nur dann als ein solcher empfunden, wenn er drei Kriterien erfüllt. Er muss

1. für den Kunden wichtig sein,
2. vom Kunden tatsächlich wahrgenommen werden und
3. dauerhaft sein.

Als Grundsatz gilt: Nur vom Kunden tatsächlich wahrgenommene Wettbewerbsvorteile zählen.

7.4 Den eigenen USP definieren

Die Provisionsansprüche sind geklärt bzw. vom Gesetzgeber teilweise geregelt, der eigene Qualitätsanspruch ist hoch und der mit den Kunden besprochene Zeitrahmen wird auch eingehalten. Auf der Seite der „harten" Wettbewerbsparameter muss also „nur" der Standard gehalten werden. Wie aber sieht es bei den „weichen" Wettbewerbsparametern aus, die die Seele eines Unternehmens ausmachen? In welche Richtung soll das Dienstleistungsangebot entwickelt werden? Wie ist der Stand jetzt und wie soll er sich in Zukunft entwickeln?

Checkliste: Wettbewerbsparameter Kommunikation

ARBEITSHILFE ONLINE

Postalischer Schriftverkehr

- Wird eine systematische briefliche Kundenakquisition betrieben?
- Ist die Adressverwaltung optimal?
- Wie ist die werbliche Optik der Briefbögen und Umschläge?
- Wie ist die inhaltliche Qualität und Gestaltung der Briefe?
- Fehlt eventuell noch die „zündende Idee" bei der Neukundenansprache?
- Wie endet das Schreiben?
- Wird ein Flyer angefügt und ist dieser gefällig gestaltet?

E-Mail-Verkehr

- Wie ist die Qualität der E-Mails hinsichtlich Stil, Gestaltung und Fehlerfreiheit?
- Ist die Betreffzeile immer eindeutig einem Vorgang bzw. Anliegen zuzuordnen?
- Wie schnell werden E-Mails beantwortet?
- Ist die Mailkontenverwaltung up to date?
- Ist eine „Out of Office/Autoreply" installiert und wird sie konsequent genutzt?

Telefonkontakte

- Wie ist die Erreichbarkeit organisiert?
- Innerhalb welchen Zeitraums erfolgen in der Regel Rückrufe?
  - Werden Rückrufe angemessen vorbereitet?
  - Worum könnte es gehen?
  - Sind alle wichtigen Kundendaten präsent?
  - Werden vorab Kundeninformationen aktualisiert?
  - Ist der (virtuelle) Terminkalender zur Hand, falls Termine abgesprochen werden sollten?
- Wird während des Telefonats eine aktivierende Körperhaltung eingenommen?
- Hält man sich bei seinen Anrufen mit Small Talk auf, obwohl der Kunde daran gar nicht interessiert ist?
- Hat man gegebenenfalls für ein Telefonat einen interessanten Aufhänger parat?
- Werden Telefonate mit einem für die meisten Angerufenen lästigen „Wie geht's?" eröffnet?

Optische und inhaltliche Aufbereitung von Exposés

- Sind die Präsentationsmappen ansprechend?
- Wie ist der Online-Auftritt optimierbar?
  - eigene Website
  - Online-Objektpräsentationen
- Werden sinnvolle Gestaltungsmerkmale gewählt und diese auch einheitlich durchgehalten oder wirkt alles beliebig?
- Wirkt das Exposé aufgeräumt oder überladen und damit meist unübersichtlich?
- Ist das Exposé vollständig und fehlerfrei?

Checkliste: Wettbewerbsparameter Outfit und Image

ARBEITSHILFE ONLINE

Das Outfit

Die Kleidung hat eine ausgeprägte sozialpsychologische und meist auch kommunikative Funktion. Kleidung kann Menschen verbinden und ebenso trennen.

- Passt das äußere Erscheinungsbild beim persönlichen Auftritt vor Ort zum Kunden?
- Ist das Sakko bei der Begrüßung geschlossen getragen worden?
- Werden Statussymbole (Rolex, Designertasche etc.) demonstrativ zur Schau gestellt?
- Wird die Weiblichkeit „gedeckelt" oder selbstbewusst vorgezeigt?
- Harmonisiert die Krawatte mit dem Hemd bzw. Jackett und passen die Schuhe zur Hose?

Image

- Wird dem Umstand konsequent Rechnung getragen, dass jeder Kunde ein potenzieller Multiplikator ist und damit dem Image nutzen, aber auch schaden kann?
- Werden Kunden, die als Käufer oder Mieter vermutlich gar nicht in Frage kommen, dennoch umsichtig behandelt oder lieblos abgefertigt?
- Werden Zusagen — wie etwa die eines Rückrufs — grundsätzlich und zeitnah eingehalten?
- Geht es um das schnelle Geschäft oder um eine langfristige (nachhaltige) Positionierung im Markt?
- Wissen alle im gegebenenfalls vorhandenen Team, dass ein Einzelner durch sein Verhalten bzw. durch Unterlassungen die Bemühungen der anderen um eine positive Außenwirkung zunichtemachen kann?

Checkliste: Wettbewerbsparameter Kundenorientierung

ARBEITSHILFE ONLINE

- Wird jeder Kontakt aus einer ergebnis- und kundenorientierten Haltung heraus wahrgenommen?
- Werden die Bedürfnisse und Erwartungen des Kunden exakt ermittelt oder werden alle undifferenziert über einen Kamm geschoren?
- Findet ein professionelles Customer-Relationship-Management (CRM) statt?

- Findet eine sorgfältige Betrachtung des Umfelds der Kunden statt?
- Wird auf das Zeitbudget des Kunden hinreichend geachtet?
- Werden in den persönlichen Kontakten die (bekannten) individuellen Eigenarten und Verhaltensmuster des Kunden bedacht?
- Werden die individuellen Informationswünsche berücksichtigt?
  - Häufigkeit der Information
  - Ausführlichkeit der Informationen
- Endet die Beratung mit dem Notartermin oder zeigt man auch nach Eingang der Provisionszahlung noch Interesse am Kunden (After-Sales-Aktivitäten)?

Checkliste: Wettbewerbsparameter Service

ARBEITSHILFE ONLINE

Je besser der Service ist, desto zufriedener ist der Kunde nicht nur, sondern desto eher wendet er sich auch mit einem Folgeauftrag an „seinen" Makler. Ein geschickter Makler nutzt gerade den Service, um sich und seine Dienstleistung als eigene Marke zu etablieren.

- Welcher Service wird über die vereinbarte professionelle Beratungsleistung hinaus dem Kunden geboten?
- Wo und wie könnte dieser Service verbessert werden?
- Gibt es ein Feedback-Instrument zum Service und wie könnte man es gegebenenfalls gestalten?
- Welche Serviceleistungen könnte man aufgrund ihrer Werthaltigkeit dem Kunden zusätzlich anbieten und in Rechnung stellen?

Die Meinung, dass Deutschland eine Service-Wüste sei, wird auch durch seine ständige Wiederholung nicht richtiger. In puncto Service hat sich in Deutschland in den letzten Jahren eine Menge verbessert. Wer das nicht sieht, will es nicht sehen. Dennoch: Das Bessere ist der Feind des Guten.

Service kann kostspielig sein, und die eventuelle Inrechnungstellung von Serviceleistungen muss zum Geschäftsmodell passen. Ob der Kunde das dann als gerechtfertigt ansieht, steht wiederum auf einem ganz anderen Blatt. Wichtig ist, nicht gierig zu erscheinen und nicht in den Ruf zu geraten, ein Abzocker zu sein.

7.5 Unverwechselbare Akquisitionsbriefe texten

Ohne Kunden gibt es nichts zu makeln. Selbst wenn man genug zu tun hat, muss man aufpassen, dass es nicht zu einem Auftragsabriss kommt. Die einen gehen verloren, weil sich ein Mitbewerber durchsetzt, bei anderen gibt es aufgrund personeller Veränderungen neue Ansprechpartner und Entscheider, die man nicht kennt und die ihre eigenen Beziehungen zu Maklern mitbringen.

Früher hieß das Erfolgsrezept telefonische Kaltakquise. Da hat man sich die Ohren am Telefon gebrochen, neben vielen Neins manchmal auch noch unflätige Bemerkungen kassiert, aber bei entsprechender Überzeugungskraft und Konsequenz dennoch Termine und Aufträge bekommen.

Damit ist es längst vorbei, denn seit 2009 ist das „Gesetz zur Bekämpfung unerlaubter Telefonwerbung und zur Verbesserung des Verbraucherschutzes bei besonderen Vertriebsformen" in Kraft. Unerlaubte Telefonwerbung kann mit einer Geldbuße von bis zu 50.000 Euro geahndet werden. Für den Makler heißt dies, dass das Anrufen von Privatveräußerern von Immobilien und von privaten Vermietern ohne deren vorherige Genehmigung verboten ist. Das Verbot erstreckt sich übrigens auch auf E-Mails.

Postwerbung ist dagegen erlaubt. Wer also beispielsweise in den Immobilienrubriken der Tageszeitungen und Wochenblätter oder den einschlägigen Online-Portalen potenzielle Kunden aufspürt, kann diese anschreiben bzw. nach der Sammlung von Adressen ein Mailing machen.

Schriftlich wirkungsvoll kommunizieren

In einer Zeit der Informationsüberflutung — manche sprechen von Informationsverschmutzung — wird oft in wenigen Sekunden entschieden, ob sich ein Adressat mit dem Inhalt eines Briefes befasst oder diesen sofort wegwirft. Diese Hürde gilt es zu nehmen, nur leider gibt es dafür keinen Zauberstab. Trotzdem gibt es Werbebriefe, die einen ansprechen und die man vielleicht sogar liest. Vor allem dann, wenn sie sich auf ein Thema beziehen, das einen gerade umtreibt. Man kennt das aus der Printwerbung: Wer beabsichtigt, in naher Zukunft ein Auto zu kaufen, wird die entsprechenden Anzeigen eher beachten, als jemand, der dies nicht vorhat.

Nach Friedemann Schulz von Thun gibt es vier Dimensionen der Wirksamkeit von Texten: Einfachheit, Gliederung und Ordnung, Kürze und Prägnanz sowie anregende Zusätze. An diesen können Sie sich orientieren, wenn Sie Ihre Werbebriefe überprüfen oder neue konzipieren möchte.

1. Einfachheit

verständlich						**kompliziert**
+++	++	+	0	-	--	---
konkret						abstrakt
anschaulich						unanschaulich
zielgruppengerecht						an Zielgruppe vorbei

Für die Verständlichkeit wirbt zudem das KISS-Prinzip: Keep it sweet and simple! Die erste Anforderung lautet, einen Werbebrief gefällig und verständlich abzufassen.

2. Gliederung und Ordnung

strukturiert						**unstrukturiert**
+++	++	+	0	-	--	---
gegliedert						ungegliedert
übersichtlich						unübersichtlich
folgerichtig						kein roter Faden

Wer seinem Adressaten einen unappetitlichen Informationsbrei vorsetzt, muss — um im sprachlichen Bild zu bleiben — mit einer Verweigerung der Nahrungsaufnahme rechnen. Die Fähigkeit, Briefe, Konzepte, Exposés, Kundengespräche, Verhandlungen oder Projekte sinnvoll zu strukturieren, gehört zu den besonders wichtigen Anforderungen unserer Zeit.

3. Kürze und Prägnanz

prägnant						**langatmig**
+++	**++**	**+**	**0**	**-**	**--**	**---**
konzentriert						zu ausführlich
auf den Punkt gebracht						abschweifend
kein Wort zu viel						ausschweifend

Es bedarf viel Zeit und Energie, um Informationen kurz und knapp darzustellen. Soll ein Werbebrief durch Kürze und Prägnanz bestechen, muss er inhaltsvoll und gut strukturiert sein. Es dauert mitunter eine Weile, hier den richtigen Weg zu finden, aber diese Mühe ist keine Zeitverschwendung, wenn sie am Ende den Adressaten auch tatsächlich einfängt.

4. Anregende Zusätze

stimulierend						**langweilend**
+++	**++**	**+**	**0**	**-**	**--**	**---**
anregend						farblos
persönlich						unpersönlich
aktivierend						passivierend

Ein Werbetext könnte so anfangen: „Betongold ist gefragter denn je. Dies nehme ich gern zum Anlass, mich Ihnen kurz vorzustellen. (...)."

Wie würden Sie diesen Text einschätzen? Ein Privatveräußerer, der das Wort „Betongold" noch nie gehört hat, könnte dadurch stimuliert werden und neugierig weiterlesen. Das heißt, der Text kann also mit einem Wort wie „Betongold" den Leser aktivieren: Im Anschreiben sollten Begriffe oder Formulierungen auftauchen, die den Adressaten auf den Rest des Briefes neugierig machen.

TIPPS für ein Akquisitionsschreiben

Zunächst braucht man eine sinnvolle Struktur für ein Anschreiben. Die sollte in etwa so aussehen:

1. **Start: Interesse wecken**
   Auf gute Starttechniken sind wir bereits im Kapitel „Der Aufbau eines guten Akquisitionsgespräches" eingegangen. Hier einige Beispiele, wie man einen Brief beginnen könnte:
   - Es gibt einen klaren Krisengewinner — die Immobilie.
   - Wie wichtig ist für Sie die Umschlagsgeschwindigkeit bei Mietobjekten?
   - Wer rät, gerät hinein. Auf dieser Grundlage biete ich Ihnen gern meine Dienste als Immobilienmakler an.
2. **Kerninformation: Sagen, worum es geht**
   Hier wird knapp das eigene Leistungsprofil und Leistungsangebot beschrieben. Zum Beispiel könnte das sein:
   - Ausbildung
   - Erfahrungen
   - Erfolge (mit Nennung der Referenzen oder Darstellung von Beispielen)
3. **Appell: Zum Handeln auffordern**
   In diesem dritten Abschnitt, wenden Sie sich gewissermaßen an den Adressaten und fordern ihn direkt zum Handeln auf
   - ... und deshalb bitte ich um wohlwollende Prüfung meines Angebots.
   - ... aus diesem Grund können Sie mir den Verkauf (bzw. die Vermietung) Ihres Objektes anvertrauen.
   - Nutzen Sie meine Fachkompetenz zu Ihrem Vorteil.

7.6 Das inhaltlich und optisch gewinnende Exposé

Zu den wesentlichen Kommunikationsaufgaben des Maklers gehört die Erstellung eines Immobilienexposés. Die Herausforderung besteht darin, die Gratwanderung zwischen zu wenig Interessenten und einem aufwändigen „Besichtigungstourismus" hinzubekommen. Viele unnütze Besichtigungstermine aufgrund geschönter Angaben, die vor Ort sofort erkannt werden, sind ein Kostenfaktor (Effizienz!) und dem Renommee wenig förderlich. Was man dagegen darf und auch unbedingt tun sollte, ist, sein Angebot ins rechte Licht zu setzen.

Mit der „Null-Fehler-Toleranz“ geht es los. Eine falsche Orthographie oder ein schussliger Tippfehler befördern nun einmal Zweifel an der Kompetenz des Anbieters und an der Zuverlässigkeit der Informationen über das angebotene Objekt. Das mag man kleinlich nennen, zielt aber eher auf ein Grundvertrauen des potenziellen Kunden ab, das man erst noch für sich gewinnen muss. Vermeidbare Fehler sind diesem Vorhaben wenig dienlich.

Als Nächstes ist Transparenz wichtig. Stimmen die wesentlichen Grundinformationen wie Lage, Verkehrsanbindung, das Baujahr, eventuell notwendige Instandsetzungskosten etc.? Je mehr Details genannt werden, desto besser und verlässlicher wirkt man auf den Kunden.

Interessant wird es, wenn es um die Optik geht. Ein Exposé muss den Empfänger ansprechen und von der visuellen Gestaltung her die Wertigkeit des Angebotes angemessen abbilden. Mit einem dilettantisch gestalteten Exposé kann man nicht auch noch erfolgreich sein wollen. Das gilt für alle Objekte, für die es insbesondere einen Käufermarkt gibt. Zur Erinnerung: Mit einem Käufermarkt ist gemeint, dass ein großes Angebot wenig Interessenten findet.

- Wie also sollte man sein Exposé optisch gestalten? Dieter Rams, der legendäre Chef-Designer des Elektrogeräte-Herstellers Braun hat seine Vorstellungen von gutem Design unter anderem zu folgenden Thesen verdichtet:
- Gutes Design ist unaufdringlich.
- Gutes Design ist ehrlich.
- Gutes Design ist konsequent bis ins letzte Detail.
- Gutes Design ist so wenig Design wie möglich.

Damit hat man prinzipiell eine gute Handlungsanweisung für die Gestaltung eines überzeugenden Exposés.

Hier ist ein Exposé, das nach diesen Prinzipien gestaltet wurde:

MUSTERMANN
MUSTERSTRAßE
12345 MUSTERSTADT
TEL. 0 12 34 – 56 78 9 FAX 56 78 90
E-MAIL-ADRESSE

Mieteinheit 1 **Beispielallee , 12345 Beispielstadt**

Bei der Wohnung 1 handelt es sich um eine 165m² große, im 5. Obergeschoss gelegene Penthousewohnung.
110m² entfallen auf die Innenräume und die Dachterrasse ist 110m² groß.

Die Wohnung wird über das Haupttreppenhaus erschlossen.
Der zentrale Raum ist die Essdiele mit einem raumgroßen Oberlicht.
Südlich gelegen schließt sich der halbkreisförmige Wohnbereich mit Panoramablick an. Wohn- und Essbereich haben zusammen ca. 48m².
Östlich befindet sich ein Raum, der über eine breite Schiebetür mit der Essdiele zusammengefasst werden kann.
Ein weiterer Raum befindet sich ebenfalls nach Osten gegenüber dem Schrankbereich mit Bad und Gäste-WC. Die beiden kleinen Räume haben einen Blick über den Kirchhof und über die Grünfläche.

BANKINSTITUT – KONTO-Nr. 123456789 – BLZ 123456789

Abb. 18: Das inhaltlich und optisch gewinnende Exposé, Seite 1

MUSTERMANN
MUSTERSTRAẞE
12345 MUSTERSTADT
TEL. 0 12 34 – 56 78 9   FAX 56 78 90
E-MAIL-ADRESSE

Mieteinheit 1 **Beispielallee , 12345 Beispielstadt**

Lageplan

Lage: Die Adresse des Objektes ist Beispielallee 1.
Rückwärtig erreicht man nach ca. 70m den Wanderweg. Das Zentrum von Beispielstadt erreicht man fußläufig in ca. 10 Min. Dort befindet sich auch im Bahnhof der S-Bahn-Anschluss. Diagonal dem Grundstück gegenüber liegt der alte Friedhof der Hans-Kirche mit altem wertvollem Baumbestand.

Die Beispielallee liegt von der Stadt aus gesehen am Beginn der Prachtstraße in Beispielstadt. Dieser Bereich ist weniger durch Villen als durch große Gründerzeitwohnungen geprägt. Beispielstadt ist das In-Viertel mit kleinen Läden und zahlreichen Kneipen aber auch einem großen Einkaufszentrum. Weiter nördlich prägen historische Industrieanlagen mit Wohn- und Bürolofts das Bild.

BANKINSTITUT – KONTO-Nr. 123456789 – BLZ 123456789

Abb. 18: Das inhaltlich und optisch gewinnende Exposé, Seite 2

MUSTERMANN
MUSTERSTRAßE
12345 MUSTERSTADT
TEL. 0 12 34 – 56 78 9 FAX 56 78 90
E-MAIL-ADRESSE

Mieteinheit 1	**Beispielallee , 12345 Beispielstadt**	
Konditionen:	Kaltmiete	2.475,00 €
	Nebenkostenvorauszahlung	250,00 €
	Heizkostenvorauszahlung	165,00 €
	Gesamtmiete pro Monat	2.890,00 €
	Kaltmiete pro m²	15,00 €
Mietkaution:	3 Monatskaltmieten (auch als Bankbürgschaft)	
Mietdauer:	mindestens 3 Jahre	
Mietbeginn:	nach Vereinbarung	

BANKINSTITUT – KONTO-Nr. 123456789 – BLZ 123456789

Abb. 18: Das inhaltlich und optisch gewinnende Exposé, Seite 3

MUSTERMANN
MUSTERSTRAßE
12345 MUSTERSTADT
TEL. 0 12 34 – 56 78 9 FAX 56 78 90
E-MAIL-ADRESSE

Mieteinheit 1 **Beispielallee , 12345 Beispielstadt**

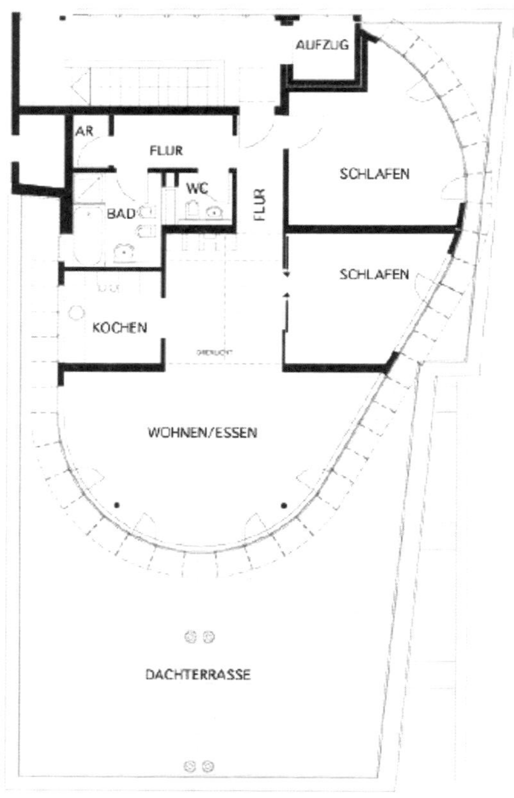

Abb. 18: Das inhaltlich und optisch gewinnende Exposé, Seite 4

MUSTERMANN
MUSTERSTRAßE
12345 MUSTERSTADT
TEL. 0 12 34 – 56 78 9 FAX 56 78 90
E-MAIL-ADRESSE

Mieteinheit 1 **Beispielallee , 12345 Beispielstadt**

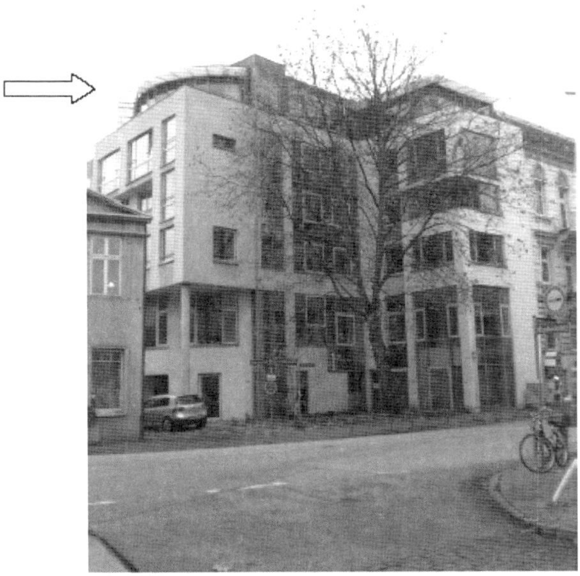

Ansicht Beispielallee

BANKINSTITUT – KONTO-Nr. 123456789 – BLZ 123456789

Abb. 18: Das inhaltlich und optisch gewinnende Exposé, Seite 5

MUSTERMANN
MUSTERSTRAßE
12345 MUSTERSTADT
TEL. 0 12 34 – 56 78 9 FAX 56 78 90
E-MAIL-ADRESSE

Mieteinheit 1 **Beispielallee , 12345 Beispielstadt**

Wohnen

BANKINSTITUT – KONTO-Nr. 123456789 – BLZ 123456789

Abb. 18: Das inhaltlich und optisch gewinnende Exposé, Seite 6

MUSTERMANN
MUSTERSTRAßE
12345 MUSTERSTADT
TEL. 0 12 34 – 56 78 9 FAX 56 78 90
E-MAIL-ADRESSE

Mieteinheit 1 **Beispielallee , 12345 Beispielstadt**

Essbereich mit Blick nach Osten

BANKINSTITUT – KONTO-Nr. 123456789 – BLZ 123456789

Abb. 18: Das inhaltlich und optisch gewinnende Exposé, Seite 7

7.7 Professionelles Kundenmanagement

Neukunden zu gewinnen, ist das eine, Kunden zu binden und zu Weiterempfehlern zu machen, etwas anderes. Nach dem Spiel ist vor dem Spiel! Diese Fußball-Weisheit gilt auch für das Geschäftsleben und die erfolgreiche Erledigung eines Auftrags. Wer sich nach einem erledigten Geschäft auf seinen Lorbeeren ausruht, wird langfristig nicht sonderlich erfolgreich sein. Auch bei vermeintlichen Einmalkunden sollte man sich noch einmal melden, um eventuell eine Brücke in die Zukunft zu bauen. Zunächst einige Grundsätze des professionellen Kundenmanagements:

- Im Mittelpunkt des Kundenmanagements stehen die gemeinsamen Interaktionen (Telefonate, E-Mails, postalische Korrespondenz, Besprechungen, Präsentationen) zwischen Anbieter und Nachfrager.
- Kunden sind (zunächst) nicht an einer Beziehung mit den Anbietern interessiert, sondern an einer Unterstützung bei der Erfüllung ihrer jeweiligen Bedürfnisse.
- Durch Interaktionen muss mit der Zeit eine lernende Beziehung (Learning Relationship) zwischen Anbieter und Kunde aufgebaut werden, mit dem Ziel, dessen Bedürfnisse schneller, einfacher und damit auch kostengünstiger zu befriedigen. Das gilt insbesondere für Kunden mit hoher Mieterfluktuation bzw. einer größeren Anzahl von Mietobjekten.
- Je bequemer, leistungsstärker und besser für den Kunden die Abwicklung von Geschäften mit dem Immobilienberater wird, desto größer wird seine Loyalität. Während es früher darum ging, die Konditionen von Lieferanten zu drücken, werden diese heute von langfristig denkenden Unternehmen „gepflegt“.

Lernende Beziehung

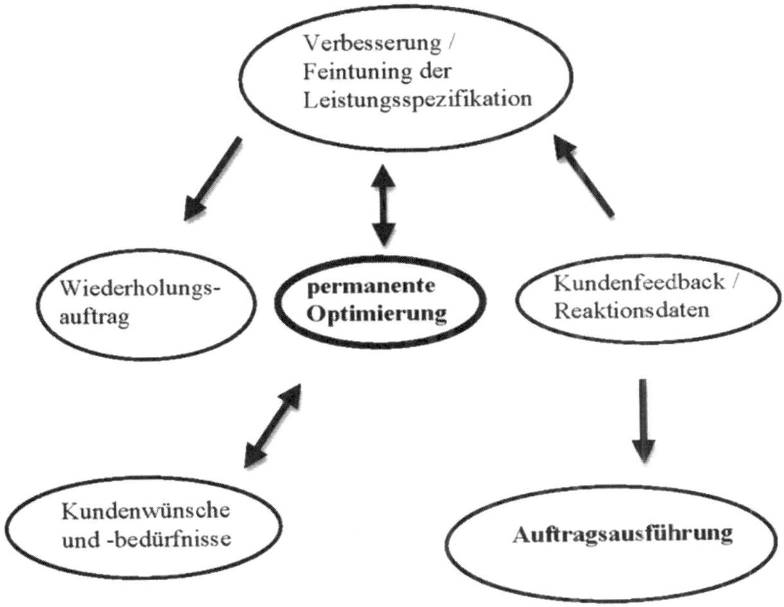

Abb. 19: Lernende Beziehung im Kundenmanagement

Die Erfolgsformel für eine langfristig erfreuliche Geschäftsentwicklung lautet:

Fachkompetenz + Kundenorientierung

⇩

Kundenzufriedenheit

⇩

Vertrauen

⇩

Kundenbindung / Kundenloyalität

Abb. 20: Erfolgsformel

Die ABC-Kundenanalyse

Die ABC-Kundenanalyse unterteilt die Kunden eines Unternehmens in A-, B- und C-Kunden. In der Kategorie A befinden sich die umsatzstärksten Kunden, die umsatzschwächsten in der Kategorie C. Definiert wird der Kundenwert, bemessen nach Umsatz und Deckungsbeitrag, um die Kosten für umsatzschwache Kunden gering zu halten und andererseits durch eine konzentrierte Betreuung der A-Kunden langfristig mehr Erlöse zu erzielen.

Hinter dieser Kennzahl ABC-Kundenanalyse steht das nach Vilfredo Pareto benannte Pareto-Prinzip. Ein anderer Name lautet 20-zu-80-Regel, womit die Kernbehauptung genannt ist, dass nämlich zum Beispiel in einer Wohnung 20 % des Parketts 80 % der Gesamtabnutzung aufweisen. Oder, um bei der Kundenanalyse zu bleiben, ein Unternehmen mit 20% seiner Kunden 80% des Umsatzes macht. Es handelt sich hier also um einen interessanten Ansatz zur Priorisierung der eigenen Aktivitäten in Sachen Kundenpflege, der von den meisten Unternehmen längst genutzt wird.

Es gibt inzwischen viele Untersuchungen, die das Pareto-Prinzip bestätigen.

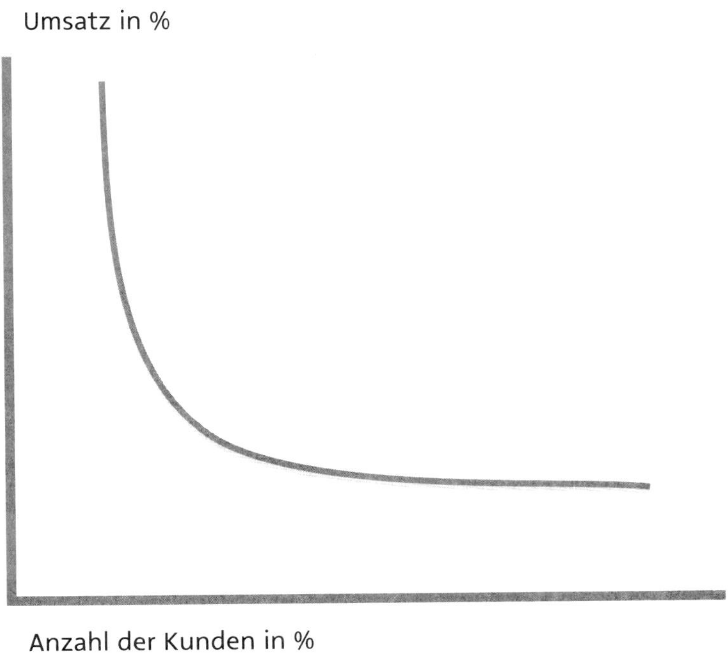

Abb. 21: Die Pareto-Verteilung

Das Effizienz-Gebot

Die vom Bundesministerium für Wirtschaft und Technologie beim Zentrum für Europäische Wirtschaftsforschung (ZEW) in Auftrag gegebene Studie „Ursachen für das Scheitern junger Unternehmen in den ersten fünf Jahren ihres Bestehens" hat die folgenden Hauptgründe identifiziert:

- eine unzureichende Startfinanzierung
- unerwartete Marktveränderungen
- strategische Fehlentscheidungen
- keine markttaugliche Geschäftsidee.

Nicht wenige Jungunternehmer scheiden aus dem Markt wieder aus, obwohl sie beim Start alles richtig gemacht und auch noch gute Umsätze erzielt haben. Sie haben — und das gilt nicht selten für hervorragende Verkäufer — den Grundsatz missachtet, dass der Gewinn nun einmal der Saldo von Umsätzen und Kosten ist. Das sind die Stellschrauben, die immer wieder zu betätigen sind. Als Selbstständiger muss man also eine Doppelstrategie fahren: In Richtung Markt ist es zwingender denn je, einen klaren USP („Unique Selling Proposition") zu finden, weil ohne die eingangs erwähnten Alleinstellungsmerkmale der Wettbewerb ausschließlich über den Preis geht. Intern aber — und das gilt auch für Ein-Mann-Unternehmen — ist kompromisslose Kostenoptimierung angesagt. Das heißt allerdings nicht, um jeden Preis zu sparen, sondern die richtige Organisationsform und den bestmöglichen Workflow zu finden. Es sind die ineffizienten kaufmännischen Prozesse und Strukturen, an denen hoffnungsfroh gestartete und wachsende Unternehmen später oft scheitern. Sie arbeiten effektiv, aber eben nicht effizient. Diese beiden austauschbar erscheinenden Begriffe entscheiden über Erfolg und Misserfolg.

Das Wort „effektiv" leitet sich ab von lateinisch „effectivus" und bezeichnet das Ausmaß der Zielerreichung. Wer sich beispielsweise für das nächste Quartal das Ziel setzt, zehn Neukunden zu akquirieren, und es am Ende auf neun neue Auftraggeber gebracht hat, war zweifellos effektiv. Seine akquisitorischen Bemühungen haben Wirkung gezeigt. Doch wie steht es mit dem Aufwand? Manches Unternehmen ist am Umsatz zugrunde gegangen, weil die Kosten aus dem Ruder gelaufen sind. Eine Maßnahme, beispielsweise ein Mailing zur Neukundengewinnung, muss effektiv sein, also neue Aufträge generieren, aber wenn die Kosten für das Mailing und die Abwicklung die erzielten zusätzlichen Umsätze übertreffen, war die Sache ineffizient.

Effektiv arbeiten bedeutet folglich, so zu arbeiten, dass ein Ergebnis erreicht wird. Effizient arbeiten bedeutet dagegen, ein Ergebnis mit einem möglichst geringen Einsatz von Mitteln zu erreichen oder mit einem bestimmten Mitteleinsatz einen möglichst hohen Ertrag zu erwirtschaften. Effektivität ist ein Maß für die Zielerreichung, Effizienz ist ein Maß für die Wirtschaftlichkeit, das heißt, es werden Kosten und Nutzen einander gegenüber gestellt.

Der fundamentale Unterschied zwischen Effektivität und Effizienz

Hier ist ein schönes Beispiel für den Unterschied zwischen diesen Begriffen, das sinngemäß bei Wikipedia zu finden ist:
Wenn es einem gelingt, einen Wohnungsbrand mit mehreren Flaschen „Moët & Chandon" zu löschen, war die Maßnahme effektiv, denn man hat ja die gewünschte Wirkung erreicht. Effizient war man allerdings nur, wenn die durch das Feuer verursachten Schäden die Kosten des Champagners überstiegen hätten. Noch effizienter wäre wahrscheinlich der Einsatz von Wasser gewesen. Wäre das Wasser allerdings in größerer Menge durch den Fußboden gesickert und hätte die hölzerne Deckenvertäfelung des Nachbarn zerstört, wäre man vermutlich wieder nur effektiv gewesen. Demzufolge heißt Effektivität, die richtigen Dinge zu tun, und Effizienz, die Dinge richtig zu tun. Das ist das Geheimnis des unternehmerischen Erfolges.

8 Neue Wege in der Objektakquisition

In besonders begehrten Städten und Regionen herrscht ein Verkäufer- bzw. Vermietermarkt — angesichts einer hohen Nachfrage gibt es nur wenige Objekte im Angebot — und deshalb stehen nicht selten die Interessenten Schlange. Ein Inserat nebst einem Massenbesichtigungstermin, und das Geschäft ist so gut wie gemacht. Dabei übersehen Miet- und Kaufinteressenten freilich den Aufwand, der für die Akquisition von Objekten in begehrten Lagen getrieben werden muss. Wo in schlechten Lagen bzw. strukturschwachen Gebieten der Immobilieneigner bisweilen schon jetzt die Courtage übernimmt, um seine Immobilie überhaupt los zu werden, und der Makler viele ergebnislose Besichtigungstermine absolvieren muss, gibt es woanders mangels Masse wenig zu makeln. Wenn Interessenten Schlange stehen, heißt das eben nicht, dass die Makler das schnelle und große Geschäft machen, denn viele gehen leer aus. So werden denn neue Wege gesucht, um Umsätze zu generieren.

8.1 Die Tipp-Provision

Bis zum Beweis des Gegenteils besteht ein erfolgreiches Geschäftsmodell unter anderem darin, Kunden zu Weiterempfehlern zu machen. Jeder Weiterempfehler reduziert die Kosten für Marketing- und Akquisitionsmaßnahmen. In diesem Sinne sind in jeder Branche Ideen willkommen, die einem neue Kunden bescheren.

Die neuartige Immobilien-Vermittlungs-Plattform „makelloshamburg.de“ setzt beispielsweise solch eine neue Idee um: Jeder, der von zu verkaufenden Immobilien hört, kann diese bei „makelloshamburg.de“ melden und erhält im Falle einer erfolgreichen Vermittlung eine interessante Prämie. Initiator und Betreiber dieser innovativen Vermittlungsidee ist die Dolce Villa Real Estate GmbH.

Von zu verkaufenden Immobilien kann man fast überall hören: von Nachbarn, Kollegen, Geschwistern, Geschäftspartnern und auf Veranstaltungen und Partys. Natürlich sichert der Plattformbetreiber allen Beteiligten Sicherheit im Umgang mit persönlichen Daten und Kontaktinformationen zu. Außerdem sind alle nach Immobilien-Verkaufspreisen gestaffelten Prämien für Immobilien-Melder garantiert, wenn ein Objekt über die Plattform einen Käufer bzw. Mieter findet.

8.2 Die Open-House-Besichtigung

Die Idee der Open-House-Besichtigung kommt aus den USA und findet als Marketinginstrument auch in Deutschland immer mehr Anhänger in der Immobilienbranche. Das Konzept besteht darin, zu einem festen Termin — hier bietet sich ein Sonntagnachmittag an — möglichst viele potenzielle Interessenten in eine in der Regel leerstehende Immobilie unverbindlich einzuladen. Im Vorfeld muss dieser Termin natürlich intensiv beworben werden, um ein möglichst großes Publikum zur Besichtigung zu animieren. Geeignete werbliche Aktivitäten sind beispielsweise Flyer in den Briefkästen der Nachbarschaft, persönliche Einladungen an Suchkunden, Zeitungsanzeigen, Hinweise in Immobilienportalen und Informationen über Twitter.

Die Vorteile solcher Open-House-Events sind unübersehbar:

- Manche Besucher tragen sich zwar mit dem Gedanken, eine Immobilie zu erwerben, schrecken aber noch vor einem Einzeltermin zurück.
- Nicht wenige Teilnehmer sind gar nicht am Kauf der Immobilie interessiert, sondern wollen ihr eigenes Haus verkaufen und interessieren sich für die Ausstattung, die Nachfrage und die Professionalität des Maklers.
- Wenn viele Gäste zur Besichtigung erscheinen, unterstreicht dies die Wertigkeit der Immobilie, d. h. es wird möglicherweise ein psychologischer Preisdruck nach oben aufgebaut.
- Die Teilnehmer sind in der Regel Multiplikatoren, die Verwandten, Freunden und Bekannten von dem Ereignis erzählen und vielleicht sogar den Makler, der die Open-House-Besichtigung organisiert hat, empfehlen.

Man kann diese Form der Vermarktung auch nutzen, wenn die Immobilie noch bewohnt ist. Dabei ist es unverzichtbar, dass die Interessenten vorab ihre persönlichen Daten angeben, denn der Eigentümer möchte natürlich wissen, wen er in sein Haus lässt.

Selbstverständlich wird der Makler nach der Open-House-Veranstaltung eine Nachfassaktion starten, um mit potenziellen Käufern offene Fragen zu klären bzw. bei den Immobilieneigentümern unter den Gästen, die Verkaufsabsichten hegen, Aufträge zu akquirieren. Der gesamte Aufwand lohnt sich, denn bei einem Open-House kann man als Makler nur gewinnen.

8.3 Das Bieterverfahren

Beim Bieterverfahren wird das Kauf- bzw. Mietobjekt zunächst beworben und bis zu einem definierten Stichtag mit einem Mindestgebot ausgeschrieben. Dabei muss klar darauf hingewiesen werden, dass es sich um ein Bieterverfahren handelt. Alle Interessenten erhalten ein Exposé und eine Einladung zu einem Besichtigungstermin. Sinnvollerweise findet diese noch recht junge Form der Vermarktung im Rahmen einer Open-House-Veranstaltung statt. Je mehr Teilnehmer man zur Besichtigung motivieren kann, desto vorteilhafter wirkt sich dies in der Regel auf den zu erzielenden Preis aus, da sich wie beim Open-House ein gewisser Konkurrenzdruck unter den Interessenten aufbaut. Das Bieterverfahren stellt übrigens keine Auktion dar, denn die Angebote sind weder für den Bieter noch den Anbieter verbindlich. Zu einem Abschluss kommt es, wenn sich der Verkäufer bzw. Vermieter mit einem Interessenten geeinigt hat, wobei meist das Höchstgebot den Ausschlag gibt.

Dies sind die Vorteile des Bieterverfahrens:

- Das Höchstgebot ist nicht verkaufsbindend, das heißt der Eigentümer kann sich anders entscheiden und seine Immobilie beispielsweise über eine klassische Anzeige vermarkten. Aus diesem Grund haben Schnäppchen-Jäger mit ihren bescheidenen Angeboten keine Chance.
- Über dieses Verfahren lässt sich recht gut der Marktwert einer Immobilie ermitteln, denn man sieht ja, welche Angebote die Teilnehmer abgeben.
- Das Verfahren ist auch gut geeignet, wenn unter Zeitdruck verkauft werden muss, weil beispielsweise die Entscheidung ansteht, eine Erbschaft anzunehmen bzw. abzulehnen oder weil die Bank Druck macht.
- Selbst wenn man nicht den erhofften oder vielleicht sogar möglichen Preis erzielt, ist das Bieterverfahren besser als eine Zwangsversteigerung.

Das Bieterverfahren kann vom Makler auch so gestaltet werden, dass im Rahmen des Open House von den Interessenten noch keine konkreten Gebote gemacht, sondern diese erst später im persönlichen Kontakt mit dem Makler geäußert werden. Dieser wird dann die anderen Teilnehmer am Bieterverfahren über das aktuelle Höchstgebot informieren und ihnen damit die Chance geben, ihrerseits mitzubieten. Sobald der Eigentümer ein konkretes Angebot annimmt, ist das Bieterverfahren beendet.

9 Image und Ethik

Seit einiger Zeit ist in der Wirtschaft eine interessante Entwicklung zu beobachten, die sich auf Begriffe wie Nachhaltigkeit, Fair Trade, Corporate Social Responsibility oder Code of Conduct bringen lässt. Mit diesen durchaus wünschenswerten Aktivitäten wollen Unternehmen bzw. Branchen ihr Bild in der Öffentlichkeit positiv gestaltet — sie dienen also der Imagepflege und damit auch der eigenen Wettbewerbsfähigkeit. Der Drogerie-Filialist Schlecker musste nicht zuletzt deshalb Insolvenz anmelden, weil das Unternehmen seine Mitarbeiter schlecht behandelt hatte. Eine immer größer werdende Anzahl von Kunden möchte heutzutage beim Einkauf oder bei der Inanspruchnahme einer Dienst- bzw. Beratungsleistung ein gutes Gefühl haben.

Der Berufsstand der Immobilienmakler genießt nun nicht gerade einen guten Ruf. In den Augen der Öffentlichkeit ist er zumeist als geldgierig verschrien und nur darauf aus, schnell Kasse zu machen. Leider ist dieser Vorwurf nicht immer ganz unbegründet, was jedoch hauptsächlich damit zusammenhängt, dass es in Deutschland keine reglementierte Zulassung zu diesem Beruf gibt. Jeder, der einen Gewerbeschein vorlegt, darf sich Makler nennen und als solcher auf dem Immobilienmarkt agieren. Deshalb gibt es immer wieder Kleinstmakler, auch Küchentisch-Makler genannt, die, eben vom heimischen Küchentisch aus, ihr Gewerbe betreiben und die reinsten Opportunitäten-Jäger sind. Mit ihrem Handeln ziehen sie dann das Ansehen des gesamten Berufsstandes herunter.

9.1 Ehrenkodex für Immobilienspezialisten in Europa

Als Makler hat man es also besonders schwer, weil man diesen Vorurteilen entgegentreten und seine Integrität und Solidität erst beweisen muss. Um dies zu erleichtern, wurde von der Europäischen Union bzw. vom European Council of Real Estate Professions (CEPI) ein Ehrenkodex entwickelt, der einen guten Leitfaden für das eigene Verhalten im Markt bietet. Dies sind die Kernpunkte, die für Immobilienspezialisten gelten sollten:

- Sie sind fachlich kompetent und rechtfertigen so das in sie gesetzte Vertrauen.
- Sie kennen die Märkte und die dort jeweils herrschenden Konditionen.
- Sie lehnen Aufträge ab, wenn diese ihre Kompetenzen überschreiten.
- Sie vermeiden irreführende Darstellungen oder gewissenlose Praktiken auf dem Gebiet des Immobilienhandels.
- Sie unterbinden im Rahmen ihrer Möglichkeiten Handlungen in ihrer Umgebung, die dem Image des Immobilienmaklers schaden.
- Sie bieten Immobilien erst zum Verkauf oder zur Vermietung an, wenn sie einen schriftlichen Auftrag erhalten haben.
- Sie verzichten auf jegliche Diskriminierung aufgrund des ethnischen Hintergrunds, des Glaubensbekenntnisses, der sexuellen Orientierung oder des Geschlechts.
- Sie handeln für alle Beteiligten transparent.
- Sie informieren präzise über die Kosten ihrer Dienstleistung.

Dies sind gute Ansätze, sich als Berufsstand langfristig positiv zu positionieren und auch den politischen Druck abzufedern. Es sind die weniger seriös arbeitenden Makler, die manche Politiker dazu einladen, mit populistischen Forderungen zur Regulierung des Immobilienmarktes Punkte machen zu wollen.

10 Der Makleralleinauftrag

In Firmen ist vom Elefanten-Rennen die Rede, wenn zwei Aspiranten auf eine vakante Führungsposition miteinander rivalisieren, von denen am Ende nur einer den begehrten Job bekommen kann. Wer als Eigentümer eine Immobilie verkaufen oder vermieten will, könnte ebenfalls geneigt sein, mehrere Makler ins Rennen zu schicken. Bekannt ist diese Vorgehensweise auch aus der Personalberatungsbranche, wo manchmal mehrere Headhunter einen Suchauftrag erhalten und die Provision dann der Schnellste kassiert. Da mögen die Mitbewerber noch so viel Zeit und Mittel investiert haben — sie gehen leer aus.

10.1 Grundsätze und Bestandteile

Der IVD (Immobilienverband Deutschland IVD Bundesverband der Immobilienberater, Makler, Verwalter und Sachverständigen e.V.) propagiert die folgenden Grundsätze bzw. Bestandteile eines Makleralleinauftrags

Schriftform

Der Verkäufer einer Immobilie schließt mit dem beauftragten Immobilienmakler einen schriftlichen Auftrag ab. In diesem Vertrag werden alle relevanten Daten der Vertragspartner und des Immobilienobjekts aufgeführt.

Zentraler Ansprechpartner

Der Makleralleinauftrag bietet dem Verkäufer bzw. Vermieter den folgenden Nutzen:

- Er hat einen zentralen Ansprechpartner beim Verkauf bzw. bei der Vermietung seiner Immobilie.
- Das Objekt wird nicht mehrfach und zu unterschiedlichen Preisen im Markt angeboten.

- Parallelangebote — mehrere Makler haben einen einfachen Maklervertrag und versuchen parallel, ein bestimmtes Objekt zu verkaufen — verringern in der Regel die Wertigkeit einer Immobilie.
- Bei Parallelangeboten besteht das Risiko, dass es Unstimmigkeiten hinsichtlich der Provisionen gibt.
- Bei einem Makleralleinauftrag kann der Auftraggeber davon ausgehen, dass er eine optimale Dienstleistung aus einer Hand bekommt.

Unteraufträge an Kollegen

Unter diesem Punkt weist der IVD darauf hin, dass manche Verkäufer bzw. Vermieter trotz der genannten Argumente für den Makleralleinauftrag bei der Überzeugung bleiben, dass mehrere für ihn tätige Makler den schnelleren Erfolg garantieren. In diesem Fall muss im Makleralleinauftrag die eventuelle Mitarbeit von Kollegen geregelt werden.

Höhe der Provision

Beteiligt sich der Eigentümer an der Maklerprovision, so muss dies natürlich im Vertrag mit dem Makler stehen. Der IVD empfiehlt, auch die Höhe der Makler-Provision in den Vertrag zu schreiben. Die beim Verkauf in der Regel vom Käufer zu zahlenden Maklercourtagen (Höchstgrenzen) haben die Bundesländer festgelegt. Sie gelten, wenn im Makleralleinauftrag nichts fixiert ist. Auch hier empfiehlt der IVD eine Einigung mit dem Immobilieneigentümer über die Höhe des Prozentsatzes, der natürlich die staatlich definierten Höchstgrenzen nicht übersteigen darf.

Zeitpunkt der Zahlung der Provision

Üblich ist eine Rechnungslegung nach dem notariell beurkundeten Kaufvertrag mit einem Zahlungsziel von zwei Wochen.

Interessenten seitens des Eigentümers

Der IVD weist auf zwei Varianten des Makleralleinauftrags hin:

1. Der Immobilieneigentümer hat das Recht, die Immobilie zum Beispiel an Interessenten aus der eigenen Familie zu verkaufen bzw. zu vermieten, ohne dass in diesem Fall eine Provision an den Immobilienmakler zu zahlen ist.
2. Der Immobilieneigentümer verpflichtet sich, alle Interessenten an den beauftragten Immobilienmakler weiter zu leiten. Hier handelt es sich um einen „qualifizierten“ Alleinauftrag, der eine Verweisungsklausel an den Immobilienmakler enthält. Immobilieneigentümer wählen diese zweite Variante, wenn alle Interessenten durch den Makler einer sachkundigen Vorprüfung unterzogen werden sollen.

Höhe des Kaufpreises

Laut IVD sollte die Höhe des Preises der Immobilie bzw. der Miete im Vertrag festgeschrieben werden, mit der der Immobilienmakler seine Vermittlungsbemühungen startet. Darüber hinaus sollte der eventuelle Verhandlungsspielraum für den Makler definiert werden. Denkbar ist auch, einen Zeitraum festzulegen, nach dem zum Beispiel bei Nichtverkauf ein neuer Verkaufspreis zwischen Eigentümer und Makler vereinbart wird.

Dauer des Makleralleinauftrages

Laut IVD beträgt die übliche Laufzeit sechs Monate. Reicht die Laufzeit nicht aus, kann aufgrund einer Klausel die Laufzeit automatisch um drei Monate verlängert werden.

Nachwirken des Vertrages

Was ist, wenn der Maklervertrag ausgelaufenen oder gekündigt ist und ein vom Makler gewonnener, aber seinerzeit unentschlossener Kaufinteressent sich doch noch für die Immobilie entscheidet? Dann hat nach vorliegenden Gerichtsurteilen der Makler ein Recht auf die vereinbarte Provisionszahlung.

10.2 Die Provision

Provisionen sind das Entgelt für vermittlerische Tätigkeiten. Die Begriffe Courtage oder Packing beziehen sich auf den gleichen Sachverhalt.

Die Höhe der Maklerprovision für Vermietungen ist bundesweit gesetzlich festgelegt und darf maximal zwei Nettokaltmieten zuzüglich der Mehrwertsteuer in Höhe von 19 Prozent betragen (Stand 2013). Die Obergrenzen der Provisionen für den Verkauf von Immobilien sind von den Bundesländern geregelt und unterscheiden sich teilweise erheblich. Innerhalb der gesetzlich zu beachtenden Höchstgrenzen können Makler ihre Courtage an die Marktgegebenheiten anpassen.

10.3 Die Provisionshöchstgrenzen beim Verkauf nach Bundesländern

Baden-Württemberg	3,57
Bayern	3,57
Berlin	7,14
Brandenburg	7,14
Bremen	5,95
Hamburg	6,25
Hessen	5,8
Mecklenburg-Vorpommern	5,95
Niedersachsen	5,95
Nordrhein-Westfalen	4,76
Rheinland-Pfalz	4,76
Saarland	3,57

Sachsen	3,57
Sachsen-Anhalt	3,57
Schleswig-Holstein	3,57
Thüringen	3,57

Provisionsobergrenzen (inkl. 19 Prozent Mehrwertsteuer) vom notariellen Verkaufspreis. Alle Angaben in Prozent. Es gibt zusätzlich noch einige regionale Unterschiede. Stand 2013 (ohne Gewähr)

10.4 Die Preisstärke

Die Preisstärke wird zunehmend zu einem besonders wichtigen Kriterium bei der Beurteilung des Wertes eines Unternehmens. Mit dem Begriff Preisstärke ist gemeint, in welchem Maße ein Unternehmen margenstarke Preise im Markt durchsetzen kann. Bezogen auf den Immobilienmakler meint dies, inwieweit er seine Provision innerhalb der vom Gesetzgeber vorgeschriebenen Höchstgrenzen nach oben durchsetzen kann. Darin spiegelt sich dann auch im Normalfall die Wertigkeit seiner Dienst- und Beratungsleistung.

Die meisten Menschen misstrauen sowohl den Angeboten mit den höchsten Preisen als auch denen mit den niedrigsten. Lieber wählen sie ein Angebot der mittleren Preisklasse. Als Makler sollte man sich also ernsthafte Gedanken darüber machen, in welchem Preissegment man sich ansiedeln möchte. Wer sich mit nicht auskömmlichen Preisen zufrieden gibt, macht sich verdächtig — und meist aus schlechten Gründen. Es wird der Wunsch nach dem schnellen Geschäft unterstellt — koste es, was es wolle. So kann schließlich auch Preistreue zu einem Wettbewerbsvorteil werden, wenn man den dafür nötigen langen Atem mitbringt und konstant gute Arbeit leistet.

10.5 Die „Berliner Tischregel"

In Mieter- oder Käufermärkten – es gibt also ein Überangebot an Immobilien bzw. Mietobjekten – schalten Eigentümer gern mehrere Makler ein, die dann nicht selten ihre Exposés an dieselben potenziellen Interessenten verschicken. Das gilt ganz besonders für Gewerbeimmobilien, die oft besonders schwer zu vermarkten sind. Wenn es jetzt zu Verhandlungen und einem Vertragsabschluss kommt, stellt sich die Frage, welcher Makler denn nun den tatsächlichen Nachweis erbracht und seine Provision verdient hat. Und am Ende geht dann so mancher Makler bei aller Mühe leer aus. Vor diesem misslichen Hintergrund wurde die „Berliner Tischregel" erfunden, die inzwischen bundesweit verbreitet ist. Für den Makler ist diese Regel bedeutsam, da vorab geklärt wird, ob sich sein Engagement für ein Objekt überhaupt lohnen könnte.

Das Verfahren der „Berliner Tischregel" funktioniert folgendermaßen: Der Makler erstellt ein Exposé und übermittelt es seinen Kunden. Zeigt ein Kunde Interesse, übersendet der Makler dem Eigentümer bzw. Vermieter den Namen bzw. gleich eine Liste mehrerer Namen von Interessenten und bittet den Eigentümer um Kundenschutz. Voraussetzung ist, dass der Auftraggeber des Maklers die übermittelten Namen nicht kennt und diese bisher auch nicht von einem anderen Makler benannt wurden. Stimmt der Eigentümer zu und erteilt den Kundenschutz, kann der Makler sich jetzt exklusiv um diese Interessenten und eine Vertragsanbahnung bemühen. Der erste Schritt besteht darin – daher der Name des Verfahrens –, den potenziellen Kunden „an den Tisch" zu bringen. Konkret heißt dies, dass Eigentümer, Makler und Interessent das fragliche Objekt bzw. die zu vermietenden Räumlichkeiten gemeinsam besichtigen. Kommt es zu einem Vertragsabschluss, erhält der Makler seine Provision vom Auftraggeber.

Nicht jeder Eigentümer kommt allerdings der Bitte des Maklers nach, ihm Kundenschutz zu erteilen. Das kann daran liegen, dass der Eigentümer bereits einem anderen Makler Kundenschutz erteilt hat oder ihm die benannten Mietinteressenten schon bekannt sind. Jeder ergebnisorientiert denkende Makler wird jetzt seine Aktivitäten bezüglich des fraglichen Objekts einstellen.

Nachweismakler

Nachweismakler werden vom Verkäufer bzw. Vermieter mit der Nennung der Namen von Interessenten beauftragt, treten aber nicht in Verbindung mit potenziellen Käufern oder Mietern. Der Nachweismakler schafft mit seinem „Nachweis" also die Gelegenheit für einen Vertragsabschluss.
Der nach § 652 Abs. 1 Satz 1 BGB für das Entstehen eines „Lohnanspruchs" erforderliche „Nachweis der Gelegenheit zum Abschluss eines Vertrages" ist erbracht, wenn aufgrund einer Mitteilung des Maklers an seinen Auftraggeber dieser in konkrete Verhandlungen mit einem potentiellen Interessenten eintreten kann.

11 Preisbildung in der Immobilienbranche

Woher kennen wir den Wert eines Gutes? Die meisten Menschen glauben, dass der Wert einer Sache objektiv in dieser begründet sei. Aber dann müsste ein Brot oder ein Stück Fleisch wertvoller als Gold oder eine Immobilie sein, denn Erstere braucht man zum Überleben. Man denke an den sagenhaften König Midas aus der griechischen Mythologie, dem alles, was er berührte, zu Gold wurde und der zu verhungern drohte. In diesem Sinne braucht keiner Gold oder Immobilien, denn beides kann man nicht aufessen. Es ist also recht schwierig, wenn nicht gar unmöglich, den Wert eines Gutes objektiv zu bestimmen.

Um hier weiter zu kommen, unterscheidet man in der Ökonomie zwischen dem Gebrauchswert und dem Tauschwert einer Sache, das heißt, jedes Gut hat zweierlei Wertigkeiten: einen Gebrauchswert, der seinen Nutzen für die Allgemeinheit abbildet, und einen Tauschwert, den der Preis anzeigt. Um bei obigem Beispiel zu bleiben: Fleisch und Brot haben einen hohen Gebrauchswert, aber einen geringen Tauschwert. Bei Gold oder Häusern ist es umgekehrt. Warum kommen diese beiden Werte nicht zur Deckung?

Für den britischen Ökonomen Lionel Robbins liegt der Wert einer Sache ausschließlich darin, welche Bedeutung die Menschen ihr zusprechen. Und diese Bedeutung hängt davon ab, für wie knapp sie ein Gut halten bzw. wie knapp es tatsächlich ist. Denn, so Robbins, alles was knapp ist, schätzen die Leute. Salz wurde zu Zeiten der Knappheit einmal als „weißes Gold" bezeichnet. Wenn immer mehr Menschen angesichts sinkender Aktienkurse der Meinung sind, dass Gold eine Alternative und sichere Vermögensanlage ist, steigt der Goldpreis, obwohl sich das Edelmetall selbst nicht verändert hat. Es ist nur knapper geworden.

Aber wie lässt sich das Phänomen der Knappheit definieren? Knapp sind die Mittel immer nur bezogen auf die Ziele, die man verfolgt. Da Menschen meist mehrere Ziele – gern auch gleichzeitig – in ihrem Leben verfolgen, ist es ratsam und für die meisten auch notwendig, ihre knappen Mittel effizient einzusetzen. Wir müssen uns also in einer Welt der Knappheit entscheiden, was wir mit den begrenzten Mitteln machen können bzw. wollen. Ein neues Auto oder eine Weltreise, eine Yacht oder eine Eigentumswohnung? Für den Normalbürger geht nicht alles gleichzeitig.

Der Normalbürger ist immer gezwungen, sich für das eine oder das andere zu entscheiden, und zwar unter Berücksichtigung der ihm zur Verfügung stehenden Mittel. Das gilt auch für die Anmietung einer Wohnung und den Kauf einer Immobilie. Tut es nicht auch eine kleinere Wohnung bzw. eine Wohnung in einer weniger gefragten Lage bzw. brauche ich überhaupt Wohneigentum und könnte ich mit dem Geld nicht etwas anderes machen?

11.1 Angebot und Nachfrage

Zurzeit gibt es eine heftige Debatte um das „Bestellerprinzip". Das besagt, dass derjenige den Makler bezahlt, der ihn bestellt; darauf wird an späterer Stelle noch eingegangen. Ein Haupteinwand lautet, dass dadurch nicht eine Wohnung mehr entstünde. Im Zweifelsfall wäre es in besonders nachgefragten Lagen überhaupt kein Problem, die Courtage auf die Miete bzw. den Kaufpreis umzulegen.

Aber wer wird denn — falls das Gesetz eines Tages in Kraft tritt — der Auftraggeber bzw. Besteller sein? Ist ein Mieter oder Kaufinteressent, der im Anschluss an eine Besichtigung den Makler fragt, ob er noch andere Objekte im Angebot habe, bereits ein Auftraggeber? Logischerweise ja, wenn er das Angebot des Maklers in Augenschein nehmen möchte, und folglich ist, wenn es zum Miet- oder Kaufvertrag kommt, er der Provisionszahler.

Letztlich reguliert der Markt, wer die Provision zahlt. Gibt es einen Käufer- und Mietermarkt, also einen hohen Leerstand, dem nur wenige Nachfrager gegenüberstehen, werden eher die Vermieter und Verkäufer auf der Courtage sitzen bleiben. In einem funktionierenden Markt werden die Höhe der Maklerprovision und deren Zahler weitgehend von Angebot und Nachfrage bestimmt. Das gilt auch für den Preis einer Immobilie bzw. Mietwohnung.

Demografie und Immobilienpreise

2012 hat das Berlin-Institut für Bevölkerung und Entwicklung, ein Thinktank, der u. a. wissenschaftliche Informationen für politische Entscheidungsprozesse aufbereitet, eine Untersuchung mit dem Thema „Wohnen im demografischen Wandel" durchgeführt. Die Studie ist ein Projekt der Transparenzinitiative Immobilienwirtschaft und kommt zu folgenden Kernaussagen:

- Wenn die Bevölkerung sinkt, sinken auch die Immobilienpreise.
- Die Bevölkerungsentwicklung beeinflusst zu 30 Prozent die Veränderungen regionaler Immobilienpreise.
- Wenn die Bevölkerung um 1 Prozent zurückgeht, sinken die Wohnungspreise in der betreffenden Region um 2,2 Prozent.
- Überproportional betroffen sind die schlechten Lagen, während in attraktiven Standorten die Preise steigen.
- Weitere den Immobilienpreis bestimmende Faktoren sind die Wirtschaftskraft der Region und deren touristische Attraktivität.

Quelle: www.transparenzoffensive.net

11.2 Der Gleichgewichtspreis

In einem Markt mit vielen Anbietern und Abnehmern, in dem einige wenige Marktteilnehmer bzw. Monopolisten also keinen Einfluss auf die Preisgestaltung haben, bildet sich über kurz oder lang ein Gleichgewichtspreis heraus. Das Konzept des Gleichgewichtspreises gilt freilich nur unter bestimmten Voraussetzungen, etwa wenn beispielsweise ein Immobilienkäufer einen totalen Marktüberblick hätte, aber es ist eine gute Annäherung an die Realität der Entstehung von Preisen.

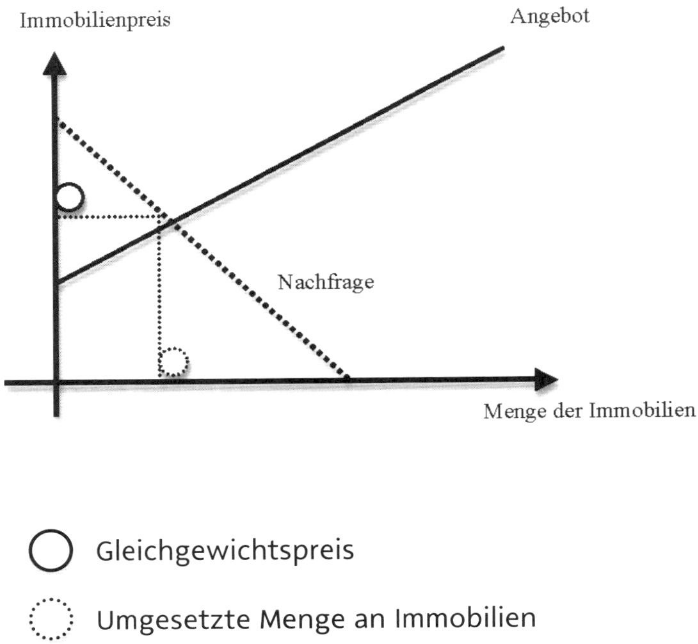

Abb. 22: Preisbildung in der Marktwirtschaft

Die Linie, die das Angebot markiert, beginnt mit einem kleinen Angebot und einem niedrigen Preis und wächst mit steigendem Preis. Die Nachfragelinie startet bei einem hohen Preis mit einer kleinen Nachfrage und nimmt mit fallendem Preis immer weiter an Menge zu. Die beiden Linien zeigen also, dass mit steigenden Preisen die Zahl der Anbieter steigt. Wenn man mit einer bestimmten Ware gutes Geld verdienen kann, erhöht sich eben die Zahl jener, die diese Ware produzieren oder anbieten. Umgekehrt gibt es immer mehr Abnehmer, je niedriger der für ein bestimmtes Gut verlangte Preis ist. Das sind zum einen der Gleichgewichtspreis und zum anderen das Maximum der umgesetzten Menge einer Ware. Da die Preisvorstellungen von Anbietern und Abnehmern gegenläufig sind, stellt sich im Markt ein Gleichgewicht an der Schnittstelle von Angebot und Nachfrage ein.

Jeder, der einigermaßen bewusst am Wirtschaftsgeschehen teilnimmt, weiß, dass Preise elastisch sind. Sobald sich ein Wert der obigen Grafik ändert, hat dies Auswirkungen auf das Gesamtgefüge. Das folgende Schaubild zeigt, wie sich aufgrund einer sinkenden Nachfrage ein neuer (niedrigerer) Gleichgewichtspreis einstellt.

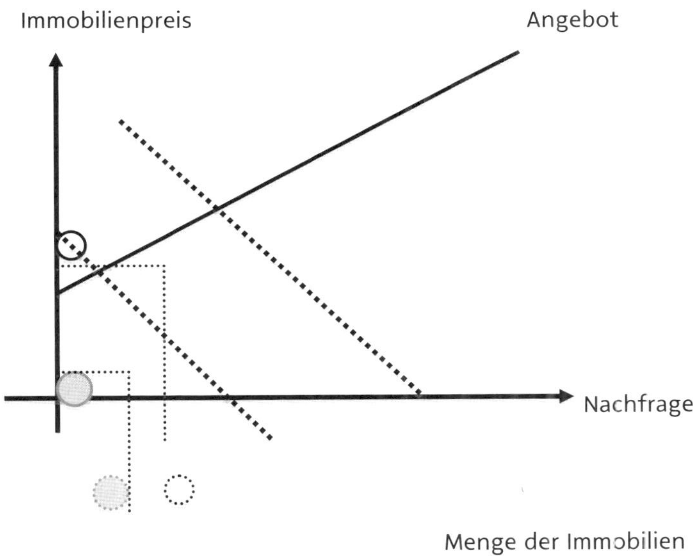

Abb. 23: Veränderung der Nachfrage

Das nächste Schaubild zeigt, was passiert, wenn sich die Angebotslinie bei gleichbleibender Nachfrage nach links verschiebt, also verringert: der Gleichgewichtspreis stiegt.

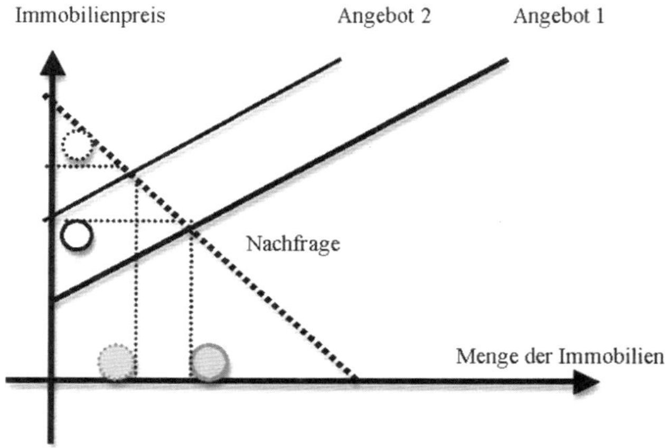

○ Gleichgewichtspreis

◌ Umgesetzte Menge an Immobilien

Abb. 24: Veränderung des Angebots

11.3 Vergleichspreise und Bauchpreise

Immobilienpreise bilden sich anders als Preise für einen Gebrauchtwagen. Ein Gebrauchtwagen wird beispielsweise bewertet nach Alter, Kilometerleistung, Ausstattung, Pflegezustand, Unfallfreiheit und Wartungsintervallen. Das Umfeld, in dem das Auto zu besichtigen ist, spielt auch eine Rolle. Es gibt also recht klare Kriterien für die Preisbildung und den Preisvergleich.

Ganz anders verhält es sich im Immobilienmarkt. Zwar orientiert man sich bei der Preisbildung auch hier an Vergleichspreisen, obwohl es meist gar keine gleichen Immobilien. gibt. Selbst wenn Gebäude und Ausstattung identisch sind, gibt es oft erhebliche Unterschiede hinsichtlich der Wohnlage. Wie ist die Versorgung mit Schulen, Kindergärten und Freizeitangeboten? Wie ist die Verkehrsanbindung? Gibt es eventuelle Lärmbelästigungen? Wer sind die Nachbarn? Ein Tennisplatz in Hörweite der Terrasse kann Miet- und Kaufabsichten und damit die Nachfrage beeinträchtigen. Auch die emotionale Anmutung bzw. der erste Eindruck kann eine bedeutsame Rolle bei der Beurteilung der Preiswürdigkeit sein.

Ein Geschäftsmann, der sonst beim Einkauf von Maschinen für sein Unternehmen gewohnheitsmäßig kalt kalkuliert, entscheidet sich als Privatmann oft aus dem Bauch heraus für ein Objekt, einfach weil es ihm gefällt. Da sieht eine Familie mit zwei Kindern beim potenziellen Nachbarn eine Sandkiste, und schon steigt die subjektive Wertigkeit eines Objektes und im Zweifelsfall die Bereitschaft, etwas mehr zu zahlen. Liebe auf den ersten Blick – das kann auch für Immobilien zutreffen. Genau deshalb gibt es in der Branche neben dem Vergleichspreis den Bauchpreis. Deshalb hängt der am Ende realisierte Preis auch von der überzeugenden Präsentation des Objektes und vom Verhandlungsgeschick des Anbieters bzw. Maklers ab.

Aber nicht nur die Preiswürdigkeit eines Objektes wird vom Mieter bzw. Käufer bisweilen aus dem Bauch heraus bewertet, sondern auch bei der Preisfindung seitens des Eigentümers geht es nicht selten irrational zu. Mit mancher notgedrungen zum Verkauf anstehenden Immobilie verbinden Eigentümer viele persönliche Erlebnisse, wenn nicht gar einen großen Teil ihrer Lebensgeschichte. Dies führt dann zu einer unrealistischen Überbewertung des Objektes und damit zu Schwierigkeiten bei der Veräußerung. Hier besteht die nicht immer leichte Aufgabe des Maklers darin, den befangenen Eigentümer behutsam auf den Boden der Tatsachen zu bringen – und zwar mit Fachkompetenz und rhetorischem Geschick.

Die Vermarktung von Problemimmobilien

Professor Dr. Stephan Kippes von der Hochschule für Wirtschaft und Umwelt Nürtingen-Geislingen hat im „Marktmonitor Immobilien 2012" die Frage untersucht, welche Faktoren aus einem Haus oder einer Wohnung eine Problemimmobilie machen und welche Auswirkungen dieser Tatbestand auf die Provisionsgestaltung hat.

Umgebungsfaktoren: Der Umfrage zufolge haben aus Sicht der Makler die folgenden Umgebungsfaktoren negative Auswirkungen auf die Vermarktung von Immobilien:

Lärm	92 %
Geruchsbelästigung	90 %
Hoher Anteil ausländischer Bevölkerung in der Nachbarschaft	69 %
Hoher Anteil Erwerbsloser in der Nachbarschaft	56 %
Handymasten in der Nähe	35 %

Die Prozentzahlen beziehen sich auf die Antwortkategorien „Sehr starker/starker negativer Einfluss".

Ausstattungsfaktoren: Die Ausstattungsfaktoren der Immobilie wirken sich der Umfrage unter Maklern zufolge so aus:

Kein Balkon, Terrasse oder Veranda	80 %
Heizung mit Einzelöfen	78 %
Hohe Heizkosten	76 %
Problematischer Grundriss	70 %
Veraltete Sanitärausstattung	60 %
Geschosslagen (wie Erdgeschoss)	59 %

Die Prozentzahlen beziehen sich auf die Antwortkategorien „Sehr starker/starker negativer Einfluss".

Provisionsgestaltung: Die Frage zur Provisionsgestaltung bei Problemimmobilien wurde wie folgt beantwortet:
Viele Makler verlangen auch bei Problemimmobilien die gleiche Provision. Eine relative Mehrheit der Makler wünscht sich für die Vermarktung problematischer Immobilien eine Aufteilung der Provision zwischen Käufer und Verkäufer. Die meisten Makler gaben des Weiteren an, dass sie den Verkäufer von Problemimmobilien in der Preisfindung beraten.

Quelle: Marktmonitor 2012, Hochschule für Wirtschaft und Umwelt Nürtingen-Geislingen

11.4 Die Mietpreisbremse

Politische Parteien, die der Marktwirtschaft skeptisch bzw. ablehnend gegenüberstehen, neigen immer wieder dazu, Preise deckeln bzw. reglementieren zu wollen.

Der Anlass ist klar und lässt sich leicht skandalisieren: In boomenden Ballungsräumen und in gefragten Universitätsstädten übersteigt die Nachfrage im unteren und mittleren Preissegment das Angebot. Kinderreiche Familien und Mieter mit kleinem Einkommen haben hier erhebliche Probleme. Wo bleibt die Ausgleichsfunktion des Marktes bei derartigen Schieflagen? Hat der Markt hier versagt?

Die Erklärung ist einfach. Wenn es zu wenige Schuhe gibt, kann man sozusagen über Nacht die Produktion oder den Import ankurbeln und schon sind alle Nachfrager mit Schuhen versorgt. Ganz anders verhält es sich in den Wohnungsmärkten. Nirgends reagiert die Preisbildung langsamer als hier. Vom Ausweisen neuer Wohngebiete über den Neubau bis zum Effekt sinkender Mieten vergehen Jahre. Dabei gilt auch hier die Forderung, bei einem politischen Eingriff an die Neben- und Fernwirkungen zu denken: Eine Mietpreisbremse schafft keine neue Wohnung, sondern erfahrungsgemäß genau das Gegenteil.

Bei dieser Gelegenheit sei nochmals an die regionalen Besonderheiten erinnert: Wer im Glockenbachviertel in München eine Wohnung vermieten oder ein Haus verkaufen möchte, befindet sich in einer anderen Lage als jemand, der in Holzminden Mieter oder Käufer sucht.

Wenn Vermieter ihre Wohnung nicht mehr wirtschaftlich nutzen können, werden sie diese verkaufen, damit dem Mietmarkt entziehen und für eine weitere Knappheit sorgen. Somit macht auch eine angedachte Mietpreisbremse keinen Sinn.

Wohneigentum in Deutschland

Die deutsche Wohneigentumsquote — das ist der Prozentsatz der Haushalte, die in einer eigenen Wohnung leben — zeigt im europäischen Vergleich, dass es noch einen erheblichen Spielraum nach oben gibt. Mit einer unter 50 Prozent liegenden Quote ist Deutschland in der EU Schluss-

licht. Makler, die sich auf den Ankauf und Verkauf von Immobilien spezialisiert haben, dürfen vor diesem Hintergrund auf eine positive Entwicklung hoffen.
Hier einige ausgewählte Wohneigentumsquoten (Prozentangaben) in Europa (Stand 2012):

Spanien	85	Schweden	63
Italien	77	Finnland	62
Norwegen	77	Niederlande	60
Polen	77	Frankreich	58
Portugal	76	Österreich	57
Irland	75	Dänemark	51
Tschechien	75	**Deutschland**	**46**
Großbritannien	69	Schweiz	35
Belgien	67		

Quelle: Euroconstruct; FAZ Nr. 74, 2013

12 Das „Bestellerprinzip“

Ende 2012 wurden von Politikern Forderungen danach laut, dass derjenige den Makler bezahlen solle, der ihn bestellt habe. Mit diesem Vorstoß im Bundesrat will man die Mieter von der Courtage entlasten. Schnell fanden sich weitere Befürworter, andere zeigten sich skeptisch. In der Diskussion befindet sich auch noch die fifty-fifty-Variante, bei der sich die Vertragsparteien die Maklercourtage teilen.

Auch wenn es erfahrungsgemäß Jahre dauert, bis derartige Gesetzesinitiativen — meist in verwässerter Form — umgesetzt werden, sollten sich langfristig denkende Immobilienberater und Immobilienmakler mit dem Thema befassen.

12.1 Pro und Contra „Bestellerprinzip“

Was ist, wenn der potenzielle Kunde als Verkäufer bzw. Vermieter fragt, was man als Makler vom „Bestellerprinzip“ halte?

Dies sind einige Standpunkte zum Thema, auf die man sich als Makler berufen könnte:

- Die gegenwärtige Regelung hat sich bewährt.
- Es ist wichtig, festzuschreiben, dass ein Makler nur eine Seite betreuen darf, entweder den Käufer/Mieter oder den Verkäufer/Vermieter. Außerdem sollte derjenige, der den Makler beauftragt, diesen auch bezahlen.
- Durch das „Bestellerprinzip“ droht eine Kostenspirale. Allerdings muss etwas gegen ein zu krasses Missverhältnis von Angebot und Nachfrage vermieden werden.

12.2 Die Berichterstattung über Immobilienmakler und das „Bestellerprinzip“

Wissen entsteht nicht einfach durch frei zugängliche Informationen, sondern durch die Fähigkeit zur kritischen Prüfung des Zugänglichen. Wer einen Beruf ausübt, der unter verschärfter öffentlicher Beobachtung steht, muss selbstkritisch nach den Gründen dafür fragen und diese so unbefangen wie möglich analysieren und bewerten. Das gilt nicht nur für Makler, sondern seit der Finanzkrise auch für Banker und infolge ständig neu aufgedeckter Unregelmäßigkeiten im Medizinbetrieb auch für Ärzte und Apotheker.

Was also ist zur Berichterstattung über Immobilienmakler anzumerken? Die in diesem Berufsfeld Tätigen kennen den negativen Grundtenor in den Medien und haben dem argumentativ wenig entgegen zu halten. Meist auch deshalb, weil die Berichterstattung derart suggestiv gehalten ist, dass selbst mancher Makler einknicken könnte.

Das politische Vorhaben, das Bestellerprinzip zur Grundlage von Provisionszahlungen zu machen, hat natürlich ein breites Echo in den Medien gefunden, ein breites und zwiespältiges Echo.

Der Grundtenor der Berichterstattung hängt von der jeweiligen Leserschaft und der vorherrschenden politischen Einstellungen ab. Dem Verleger eines Mediums wird ausdrücklich das Recht gewährt, die politische Meinung seiner Publikation zu bestimmen (Tendenzschutz). Man muss dies wissen, um eine tendenziöse Berichterstattung als solche gegebenenfalls zu erkennen und sich im Interesse einer eigenen Meinungsbildung verschiedener Informationsquellen zu bedienen.

Der Beruf des Immobilienmaklers in den Medien

In den Medien überwiegt eine eher negative Sicht auf den Beruf des Immobilienmaklers, die fast zwangsläufig auch die Sicht der Bürger auf diesen Berufsstand prägt. Diese Sicht hat nicht unbedingt etwas mit der Arbeitswirklichkeit eines Maklers zu tun, oft handelt es sich dabei nur um das Wiederkäuen abgedroschener Klischees. Dennoch sollte man als Makler vorbereitet sein und sich damit auseinandergesetzt haben, um sie — neben dem Beispiel, das man durch seine eigene Tätigkeit gibt — entkräften zu können.

Beispiele für klassische Klischees und Vorurteile gegenüber Immobilienmaklern in den Medien sind, dass sie

- die Kosten in die Höhe treiben (Provision, Kaution, Miete, selbst Umzugskosten),
- finanzschwache Interessenten aussortieren,
- Daten von Interessenten (Schufa-Auskünfte, Gehaltsabrechnungen) an Finanzdienstleister verkaufen,
- sich wie Feudalherren bei der Wohnungsvergabe aufführen und
- sowieso nur abkassieren, ohne eine echte Leistung zu erbringen.

Manchmal liest man in den Medien aber auch positive Dinge über die Arbeit von Maklern, zumeist wenn echte Leute vom Fach interviewt werden, etwa vom Immobilienverband Deutschland, oder die Herangehensweise an das Thema unvoreingenommen ist.

Argumente für die Arbeit von Immobilienmakler sind, dass sie

- ein umfassendes Wissen über den Immobilienmarkt besitzen,
- Verkaufswerte und Mietpreise sehr genau einschätzen können,
- Verkäufer/Vermieter von marktgerechten Preisen überzeugen können,
- gute Ratgeber sind und
- sehr viel Zeit und Energie und eigene Ressourcen in die von ihnen bearbeiteten Projekte stecken.

13 Wichtiges Fachwissen von A bis Z

Makler werden ist nicht schwer, und deshalb sind in der Immobilienbranche viele Amateure unterwegs. Das Gewerbeamt will ein Führungszeugnis und ein paar Euro sehen, und schon erhält man nach § 34c der Gewerbeordnung einen Maklerschein und kann loslegen — im Zweifelsfall von der Bettkante aus. Niemand fragt nach einer spezifischen Qualifikation.

Nun gibt es freilich in vielen Geschäftsfeldern Menschen, die ihren Job von der Pike auf über das Prinzip „Learning by Doing" erlernt haben und außergewöhnlich erfolgreich sind. Die Wiege mancher renommierter Unternehmen stand in einer Garage. Man muss also nicht zwingend eine Ausbildung zum/zur Immobilienmakler/in IHK oder ein Studium der Immobilienwirtschaft absolviert haben, um kompetent und seriös im Interesse aller Vertragsparteien einschlägige Geschäfte abzuwickeln. Aber nur mit Rhetorik und einem gewinnenden Wesen geht es in diesem komplizierten Markt langfristig auch nicht.

Eine alphabetische Anordnung des Fachwissens hat den Vorteil, dass man selektiv lesen kann. Die wichtigsten erforderlichen Rechtskenntnisse werden in einem gesonderten Kapitel dargestellt.

Abgeschlossenheitsbescheinigung

Wenn der Eigentümer eines Mehrfamilienhauses beabsichtigt, eine einzelne Wohnung zu veräußern, braucht er eine Abgeschlossenheitsbescheinigung (AB). In dieser ist amtlich bestätigt, dass die zu veräußernde Wohnung von anderen Wohnungen baulich getrennt ist und über einen eigenen abschließbaren Zugang verfügt. Auch Keller und Garagen können Teil einer Abgeschlossenheitsbescheinigung sein. Ohne diese Bescheinigung, die von der Bauaufsichtsbehörde ausgestellt wird, kann kein Grundbuchblatt erstellt werden.

Abnahmeprotokoll

Dokument mit dem Ergebnis der Abnahme einer Wohnung bzw. Immobilie. Es muss von beiden Vertragsparteien mit der Unterschrift bestätigt werden.

Auflassung

Unter Auflassung versteht man die Einigung zwischen Verkäufer und Käufer, dass die Immobilie den Besitzer wechseln soll. Die Auflassung ist Bestandteil des Kaufvertrages und wird im Grundbuch eingetragen, was in der Regel zwischen sechs und acht Wochen dauert. In diesem Zeitraum wird so gut wie zeitnah eine Auflassungsvormerkung im Grundbuch eingetragen. Der Verkäufer bleibt solange Eigentümer, bis die Auflassung im Grundbuch eingetragen ist. Der Käufer ist somit erst nach der Eintragung zur Zahlung des Kaufpreises verpflichtet, denn erst dann geht das Eigentum auf ihn über.

Auflassungsvormerkung

Nach der Beurkundung des Kaufvertrages sollte der Notar beauftragt werden, eine Auflassungsvormerkung zu bestellen. Damit wird die Übertragung des Eigentums am Grundstück sichergestellt.

Aufmaßberechnung

Die Wohnflächenberechnung (Aufmaßberechnung) nach DIN muss korrekt sein und ist nicht immer einfach, wenn man an Schrägen, fehlende rechte Winkel und hohe Räume denkt. Für die Vermarktung per Exposé braucht man auch noch möglichst anspruchsvoll aufbereitete Pläne mit passgenau eingemessenen Fenstern, Türen und Heizkörpern.

Bewirtschaftungskosten

Unter Bewirtschaftungskosten versteht man die Kosten für die Unterhaltung baulicher Anlagen. Sie setzen sich zusammen aus der Betriebskosten, Instandhaltungskosten (vorbeugende Maßnahmen), Instandsetzungskosten und den Verwaltungskosten.

Bruttokaltmiete

In der Bruttokaltmiete sind die kalten Betriebskosten (z. B. Wasser, Abwasser, Müllabfuhr) enthalten. Nicht enthalten sind also Heizung und Warmwasser.

CEI

Verband Europäischer Maklerverbände (CEI = Conféderation Européene de l'Immobilier).

Courtage

Die Courtage ist die Bezeichnung für die Vermittlungsgebühr eines Maklers für das erfolgreiche Vermitteln einer Wohnung. Courtage darf nicht verlangt werden, wenn der Vermittler auch gleichzeitig der Vermieter ist. Es wird unterschieden, ob die Courtage (auch Maklerprovision genannt) für die Vermittlung einer Mietwohnung oder für eine Kaufimmobilie fällig wird.

Due-Diligence-Prüfung

Due-Diligence-Prüfungen beziehen sich auf eine systematische Stärken/Schwächen-Analyse mit einer anschließenden fundierten Bewertung von zum Verkauf angebotenen Immobilien. Mit dem Due-Diligence-Report erhält also der potenzielle Käufer eine wichtige Entscheidungsgrundlage. Die Beteiligten an der Erstellung dieses Reports sind in der Regel Bausachverständige, Techniker, Betriebswirte, Anwälte, Architekten und Steuerberater. Im Einzelnen enthält der Due-Diligence-Report unter anderem

- eine Bewertung der Standort- und Marktsituation,
- eine steuerliche Analyse,
- eine technische Begutachtung der Immobilie und
- eine Bewertung der grundstücks- und gebäudebezogenen Umweltaspekte.

Hinzu kommt noch die Beurteilung betriebswirtschaftlicher Aspekte auf der Ein- und Ausgabenseite unter Berücksichtigung eventuell notwendiger Investitionen. Das Ergebnis einer Due-Diligence-Prüfung fließt in die Gestaltung des Kaufvertrags ein bzw. kann auch zum Abbruch von Verkaufsverhandlungen führen.

Eigentümergemeinschaft

Jeder Wohnungseigentümer ist automatisch Mitglied der Wohnungseigentümergemeinschaft, die das Grundstück und das Gebäude gemeinschaftlich verwaltet. Die Wohnungseigentümerversammlung, in der jeder Eigentümer eine Stimme hat, wird mindestens einmal jährlich vom Verwalter schriftlich einberufen. In der Eigentümerversammlung werden verbindliche Beschlüsse gefasst. Der Verwalter setzt die Beschlussfassung um und verwaltet somit das gemeinschaftliche Eigentum.

Eigentumswohnung

Die Eigentumswohnung umfasst das Sondereigentum an einer Wohnung und den hiermit verbundenen Miteigentumsanteil am Grundstück und an den Gebäudeteilen, die gemeinschaftlich genutzt werden.

Einfamilienhaus

Ein Einfamilienhaus ist ein Gebäude mit einer Wohneinheit. Zu Einfamilienhäusern werden gezählt: freistehende Einfamilienhäuser, Doppel-, Mittel- und Endreihenhäuser, Bungalows und Villen.

Einheitswert

Der Einheitswert dient ausschließlich als Grundlage für die Besteuerung, also der Errechnung der Grundsteuer bei Immobilien. Der Einheitswert orientiert sich an einem fiktiven Basiswert und hat mit dem Marktwert bzw. dem Kaufpreis eines Objektes nichts zu tun. Der Einheitswert wird vom zuständigen Finanzamt festgestellt.

Exposé

Beschreibung eines meist von Maklern angebotenen Objektes. Damit erfüllt der Makler die ihm durch die Makler- und Bauträgerverordnung (MaBV) auferlegte Informationspflicht über eine Immobilie.

Ertragswert

Dieser Begriff aus der Wertermittlung gibt die Summe aus Boden- und Gebäudewert wieder, die getrennt voneinander berechnet werden.

Ertragswertverfahren

Das Ertragswertverfahren ist eine Methode zur Immobilienbewertung. Letztlich geht es beim Ertragswert um die Frage, zu welchem Preis sich der Erwerb einer Immobilie unter betriebswirtschaftlichen Nutzenaspekten im Vergleich zu alternativen Kapitalanlagen lohnt.

Erwerbskosten

Zu den Erwerbskosten gehören sämtliche durch den Erwerb des Grundstückes und/oder Gebäudes verursachten Kosten wie

- Grunderwerbsteuer,
- Maklercourtage,
- Gerichts- und Notarkosten,
- Vermessung,
- Bodenuntersuchung,
- Genehmigungen und
- Umlegungskosten (Umlegung von Bauland durch die Gemeinden).

Fertigmaße

Fertigmaße sind die Maße zwischen den Wänden der einzelnen Räume. Die Messung erfolgt von Wand zu Wand.

Finanzierungsplan

Die drei Grundelemente eines Finanzierungsplans sind Gesamtkosten, Eigenmittel und der Kreditbedarf. Im Finanzierungsplan werden Finanzierungsmittel und Aufwendungen für einen Immobilienkauf einander gegenüber gestellt. Finanzierungsmittel sind Eigenmittel (Eigenkapital und/oder Eigenleistung) und Fremdmittel (Darlehen Dritter). Aufwendungen sind die Anschaffungs- oder Herstellungskosten für eine Immobilie.

Grundbuch

Das Grundbuch ist ein vom jeweiligen Amtsgericht, in dessen Bezirk das Grundstück liegt, geführtes öffentliches Verzeichnis. Es gibt Auskunft über die rechtlichen Eigenschaften von Grundstücken.

Grundbuchamt

Das Grundbuchamt ist eine Abteilung im Amtsgericht, die für sämtliche Rechtsvorgänge mit Grundstücken zuständig ist.

Grundbuchblatt

Jedes Grundstück in privatem Eigentum muss im Grundbuch eingetragen werden. Das Grundbuchblatt eines Grundstückes teilt sich in drei Bereiche auf: Aufschrift, Bestandsverzeichnis und die Abteilungen 1 bis 3. In der Aufschrift finden sich die Grundbuchblattnummer, der Grundbuchbezirk und das jeweils zuständige Amtsgericht. Das Bestandsverzeichnis enthält unter anderem Angaben zur Gemarkung, zur Größe und Lage, zu Abschreibungen und die Flurkarten- und Flurstück-Nummer.

Die Abteilung 1 des Grundbuchblatts enthält die Eigentumsverhältnisse des Grundstücks sowie das Datum und den Grund (Vererbung, Zuschlag bei Zwangsversteigerung etc.) des Eigentümerübergangs. In der Abteilung 2 sind alle Beschränkungen und Lasten des Grundstücks (Wohnrechte, Erbbaurechte, Vorkaufsrechte, Vermerke hinsichtlich einer Insolvenz etc.) aufgeführt. In der Abteilung 3 finden sich eventuelle Vermerke zu Hypotheken, Grundschulden und Rentenschulden.

Grundbuchauszug

Ein Grundbuchauszug ist eine Abschrift aller zu einem Grundstück bestehenden Eintragungen im Grundbuch, die jeder bei einem berechtigten Interesse verlangen kann.

Grundbucheinsicht

Wer ein berechtigtes Interesse darlegen kann, darf im Grundbuch Einsicht nehmen. Ein Käufer eines Grundstücks kann das Grundbuch einsehen und davon eine Abschrift verlangen.

Heiznebenkosten

Zu den Heiznebenkosten gehören die Wartung der Heizung, Emissionsmessungen der Immobilie und der Betriebsstrom für die Ölpumpe.

Immobilien

Unter Immobilien versteht man bebaute und unbebaute Grundstücke jeglicher Art. Dazu gehören:

- Grund und Boden (Rohbauland, Bauerwartungsland, baureifes Land)
- Wohnimmobilien (selbst- oder fremdgenutzter Wohnraum)
- Gewerbeimmobilien (Geschäftsgrundstücke, Gewerbegrundstücke, Handelsimmobilien, Beherbergungsimmobilien etc.)
- Sonstige Immobilien (Burgen, Schlösser, Baudenkmäler, Freizeitimmobilien)

Immobilienbewertung

Es gibt mehrere Methoden der Immobilienbewertung. Dies sind die häufigsten Verfahren:

- Sachwertverfahren
- Ertragswertverfahren
- Vergleichswertverfahren

Immobilienmarkt

Unter dem Immobilienmarkt versteht man die Summe der jährlichen Umsätze an

- gewerblichen Immobilien,
- Wohnimmobilien und
- unbebauten Grundstücken.

Kataster

Das Kataster ist das von den Katasterämtern geführte Verzeichnis sämtlicher Grundstücke. Es ist die Grundlage für das Grundbuch. Das Kataster besteht aus den Katasterbüchern mit der Beschreibung des Grundstücks sowie dem vorhandenen Kartenmaterial. Wer ein Grundstück bebauen möchte, braucht für den Bauantrag einen vom Katasteramt erstellten Lageplan des Grundstücks.

Katasterkarte

Graphische Darstellung der Grundstücke eines Bezirks nach Größe und Lage.

Käuferprovision

Bei der Vermittlung von Kaufimmobilien wird die Provision mit Ausnahme der regional unterschiedlichen Obergrenzen vom Markt geregelt. Geklärt werden muss aber bei der Festlegung der Provision, wer diese bezahlt. Neben der Käuferprovision kann auch eine Aufteilung der Provision (meist 50:50 Prozent) zwischen Käufer und Verkäufer vereinbart werden.

Kaution

Die Kaution (oder Hinterlegung einer Banksicherheit) stellt die häufigste Form der Sicherheitsleistung des Mieters an den Vermieter dar. Sie dient der Sicherung aller künftigen Ansprüche des Vermieters, die aus dem Mietverhältnis erwachsen können. Eine Kaution darf nur dann verlangt werden, wenn darüber eine vertragliche Vereinbarung getroffen worden ist. Es besteht also grundsätzlich kein Rechtsanspruch seitens des Vermieters auf eine Kaution. Wurde bei Abschluss des Mietvertrages keine entsprechende vertragliche Vereinbarung getroffen, hat der Vermieter im Nachhinein keinerlei Ansprüche auf Zahlung einer Kaution. Laut Wohnungsmietrecht darf der Vermieter vom Mieter maximal das Dreifache der vereinbarten Nettomiete als Kaution für seine Ansprüche verlangen. Im Gewerbemietrecht gibt es diese Regelung nicht.

Kostenmiete

Im preisgebundenen öffentlich geförderten Wohnraum (sozialer Wohnungsbau) gilt die Kostenmiete. Der Mietzins orientiert sich an den laufenden Aufwendungen inklusive der Finanzierungskosten. Damit soll erreicht werden, dass die Vorteile des sozialen Wohnungsbaus komplett den Mietern zugutekommen.

Kubatur

Der Begriff Kubatur steht für das Bauvolumen eines Gebäudes.

Loft

Ein Loft besteht aus weitläufigen, hohen und lichtoffenen Räumen, die sich meist in ehemaligen Fabriketagen oder Altbauwohnungen befinden.

Loggia

Eine Loggia (auch Laube genannt) ist ein umbauter Balkon, der auf mindestens einer Seite offen ist. Eine Loggia ist also nicht mit einem Balkon zu verwechseln.

Löschungsbewilligung

Unter einer Löschungsbewilligung versteht man eine öffentlich beglaubigte Erklärung des Berechtigten, dass er sein Recht an einem bestimmten Grundstück aufgibt.

Makleralleinauftrag

Der Makleralleinauftrag untersagt dem Verkäufer das Einschalten weiterer Makler zur Verwertung seines Objektes. Im Vergleich zum „qualifizierten Makleralleinauftrag“, der eine Hinzuziehungs- und Verweisungsklausel enthält, darf der Verkäufer die Immobilie an ihm bekannte Interessenten verkaufen. Der Makler geht in diesem Fall leer aus.

Makler-Franchising

Bei dem Geschäftsmodell Franchising erhält der Franchisenehmer (zum Beispiel ein Makler) das Recht, unter dem Namen des Franchisegebers tätig zu werden. Dieser stellt seinen Bekanntheitsgrad (Image) und sein Know-how zur Verfügung und ist beim Schritt in die unternehmerische Selbstständigkeit behilflich. Bei den meisten Franchise-Modellen braucht man ein bestimmtes Start- bzw. Eigenkapital.

Maklerprovision

Die Höhe der Maklerprovision beträgt bei Immobilienverkäufen in Deutschland je nach Bundesland zwischen 3,37 Prozent und 7,14 Prozent des Immobilienpreises zuzüglich 19 Prozent Mehrwertsteuer. In den meisten Bundesländern bzw. Regionen trägt der Verkäufer die Provision oder diese wird zwischen Verkäufer und Käufer aufgeteilt. In den Stadtstaaten Hamburg, Berlin oder Bremen zahlt (bisher) nur der Käufer die Courtage, ein Umstand, den Makler bei der Akquisition von Objekten nutzen können. Da der potenzielle Käufer dies natürlich weiß, wird er die Courtage über die Preisverhandlung herauszuholen versuchen. An dieser Stelle hängt es vom Verhandlungsgeschick und der Fachkompetenz des Maklers ab, welcher Preis am Ende realisiert wird.

Die Provision von privaten Vermietungen ist vom Gesetzgeber eindeutig und bundesweit geregelt und beträgt bis zu zwei Monatsnettomieten zuzüglich der Mehrwertsteuer. Es bleibt dem potenziellen Mieter unbenommen, den Provisionssatz gegebenenfalls (man denke an strukturschwache Region mit Mietermarkt) auszuhandeln. Die Provisionen bei der Vermietung von Gewerbeimmobilien werden zwischen Makler und Auftraggeber individuell abgesprochen.

Maklervertrag

Ein Maklervertrag ist ein Vertrag über die Vermittlung — Verkauf, Vermietung oder Verpachtung — einer Immobilie zwischen dem Immobilienmakler und dem Auftraggeber bzw. Eigentümer der Immobilie. Hauptbestandteil des Vertrages ist das Provisionsversprechen, wenn die Tätigkeit des Maklers erfolgreich ist.

Es wird unterschieden zwischen einem

- normalen (einfachen) Maklervertrag,
- Makleralleinauftrag und
- einem qualifizierten Makleralleinauftrag.

Der normale (einfache) Maklervertrag verpflichtet den Makler nicht zum Tätigwerden. Bei einem Makleralleinauftrag ist der Makler zur Tätigkeit verpflichtet, dafür darf der Auftraggeber im Gegenzug keinen weiteren Makler beauftragen. Allerdings darf der Auftraggeber selbst nach einem Käufer oder Mieter suchen. Bei einem qualifizierten Makleralleinauftrag ist dies ausgeschlossen.

Makro- und Mikrolage

Bei der Beurteilung einer Wohnlage spielen die Kriterien Ruhe, angenehme Nachbarn, eine gute Infrastruktur mit Schulen, Kindergärten und Freizeiteinrichtungen sowie die Verkehrsanbindungen eine entscheidende Rolle.

Normalerweise werden Wohnlagen in vier Hauptgruppen eingeteilt:

- Bestlage
- gute Lage
- durchschnittliche Lage
- einfache Lage

In vielen größeren Städten gibt es inzwischen einen qualifizierten Mietspiegel, der meist auch Auskunft über die Lagemerkmale einzelner Straßen gibt.

Bei der Beurteilung einer Gewerbelage werden vorrangig Kriterien wie Park- und Anfahrtsmöglichkeiten, Struktur des Gewerbegebietes und Anbindung an das Schienen- und Fernstraßennetz herangezogen.

Bei Gewerbelagen wird zwischen vier Hauptgruppen unterschieden:

- 1A-Lage
- 2A-Lage
- 1B-Lage
- 2B-Lage

Marktwert

Der Marktwert wird auch Verkehrswert genannt. Es ist der Wert des Objekts, der aktuell am Markt erzielt werden kann.

Mehrfamilienhaus

Wohngebäude mit mindestens drei Wohneinheiten und mehr.

Mischgebiet

Mischgebiet ist eine Bezeichnung für Wohngebiete, in denen sich auch Gewerbebetriebe befinden bzw. bauen dürfen. Dadurch wird meist die Wohnqualität beeinträchtigt.

Nettokaltmiete

Die Nettokaltmiete ist die Miete ohne alle Nebenkosten wie Heizung, Warmwasser und den kalten Betriebskosten. Zur Nettokaltmiete gehören ebenfalls nicht eventuelle Zuschläge für Untermiete, Teilgewerbe oder besondere Leistungen.

Mietspiegel

Der Mietspiegel bietet einen Überblick über die üblichen monatlichen Netto-Kaltmieten pro Quadratmeter Wohnfläche für nahezu alle Typen von Mietwohnungen für eine Stadt oder Region. Die Mietspiegel werden von den Gemeinden bzw. den Interessenvertretern von Mietern und Vermietern veröffentlicht.

Nichtigkeit

Ein Kaufvertrag über Immobilien ist dann nichtig, wenn keine notarielle Beurkundung erfolgt ist. Ein Kaufvertrag kann nichtig werden, wenn wesentliche Bestandteile des Vertrages nicht oder nicht vollständig beurkundet wurden. Ein typischer Fall ist die Beurkundung mit einem niedrigeren Kaufpreis und gleichzeitiger Zahlung von Schwarzgeld.

Notaranderkonto

Dieses Konto ist in der Regel auf einen Notar gemeldet und dient der treuhänderischen Verwaltung von Fremdgeldern.

Objektanalyse

Im Rahmen einer Objektanalyse wird der Verkehrswert einer Immobilie ermittelt. Der Verkehrswert hängt unter anderem ab von

- der Lage der Immobilie (Grundstück oder Wohnung),
- dem Gebäudezustand und
- der aktuellen und zukünftigen Ertragskraft.

Objekt

Unter dem Begriff Objekt versteht man eine Immobilie oder eine Wohnung. Bei einem Objekt kann es sich sowohl um ein Mietobjekt als auch um ein Kaufobjekt handeln.

Ökologischer Mietspiegel

Darmstadt hat im Rahmen der Mietspiegelerstellung erstmals in Deutschland den Einfluss der wärmetechnischen Beschaffenheit von Immobilien auf die Netto-Miete untersucht. Die statistische Analyse zeigte, dass für Wohnungen in Gebäuden mit guter wärmetechnischer Beschaffenheit statistisch signifikant eine höhere Netto-Miete gezahlt wird. Dies war die Voraussetzung dafür, dass im Darmstädter Mietspiegel bereits seit 2003 die „gute wärmetechnische Beschaffenheit“ als Zuschlagsmerkmal ausgewiesen wird. Diesen ökologischen Mietspiegel gibt es inzwischen u. a. auch in Berlin, Bochum und Regensburg.

Offener Immobilienfonds

Die Anteile an einem Offenen Immobilienfonds verschaffen den Zertifikatsinhabern gemeinschaftliches Eigentum an Immobilienobjekten. Ein Offener Immobilienfonds muss mindestens zehn Immobilienobjekte enthalten. Die Anzahl der Anteilsscheine kann bei entsprechender Nachfrage gesteigert werden. Es gibt keine Beschränkung.

Ortsübliche Vergleichsmiete

Die ortsübliche Vergleichsmiete ist ein statistischer Durchschnittsmietzins. Die von einer Gemeinde beauftragten Sachverständigen ermitteln, wie viel im jeweiligen Ort (bzw. im Stadtteil) für eine Wohnung gleicher Art, Lage, Größe und Ausstattung durchschnittlich pro Quadratmeter Wohnfläche gezahlt wird. Dabei dürfen sie nur die Mieten berücksichtigen, die in den letzten vier Jahren neu vereinbart oder geändert wurden.

Provision

Provision oder Maklerprovision ist eine Bezeichnung für die Vergütung des Maklers bei erfolgreicher Vermittlung. Geläufig ist auch der Begriff Maklercourtage.

Qualifizierter Makleralleinauftrag

Ein qualifizierter Alleinauftrag bindet den Eigentümer komplett an den Makler. Er darf weder andere Makler zusätzlich beauftragen noch in eigener Regie seine Immobilie an beispielsweise ihm persönlich bekannte Interessenten veräußern. Der Vorteil einer derartigen Regelung besteht darin, dass alle Aufgaben im Zusammenhang mit dem Objektverkauf delegiert sind und der Makler zu größtmöglicher Aktivität verpflichtet ist. Der qualifizierte Alleinauftrag ist „angemessen" zeitlich befristet. Leider gibt es in der Rechtsprechung keine eindeutigen Bindungsfristen. Das hängt damit zusammen, dass die Vermarktung von Objekten je nach Lage und Größe unterschiedlich schwierig ist. Nach der Rechtsprechung des BGH kann die Bindungsfrist bis zu fünf Jahre betragen.

Bei einem normalen Grundstücksvermittlungsauftrag hat die Rechtsprechung Bindungen von sechs bis acht Monaten als noch angemessen angesehen (OLG München, NJW 69, 1630).

Quelle:
http://www.finanztip.de/recht/immobilien/br-makler-219.htm#ixzz2RktgKl64

Qualifizierter Mietspiegel

Übersicht über die ortsüblichen Vergleichsmieten, die nach wissenschaftlichen Kriterien erstellt wird und von der Gemeinde und den Interessenvertretern von Mietern und Vermietern als solche anerkannt wird. Der Qualifizierte Mietspiegel wird von den Amtsblättern der Gemeinde veröffentlicht.

Reihenhaus

Einfamilienwohngebäude bilden eine einheitliche Reihung entlang einer Straße bzw. eines Weges, wobei das Grundstück vor und/oder hinter dem Haus liegen kann. Man unterscheidet zwischen Mittel- und Endreihenhäusern.

Sachwert

Unter einem Sachwert versteht man die Summe aus Bodenwert und Bauwert. Der Sachwert wird zur Ermittlung des Beleihungswertes nach dem Sachwertverfahren (siehe Immobilienwertermittlungsverordnung) herangezogen.

Sachwertverfahren

Das Sachwertverfahren nach §§ 21-23 Immobilienwertermittlungsverordnung (ImmoWertV) 2010 wird in der Regel für Immobilien angewandt, bei denen keine Daten für die Anwendung des Ertragswertverfahrens wie zum Beispiel die Marktmieten vorhanden sind. Typisch sind hier Ein- und Zweifamilienhäuser, die aufgrund ihrer besonderen Ausstattung oder Lage nicht nach dem Ertragswertverfahren berechnet werden können. Das Sachwertverfahren stellt ein komplexes Modell dar, bei dem die Gebäudeherstellungskosten auf der Grundlage von empirisch erhobenen Vergleichsbaupreisen zu einem bestimmten Stichtag kalkuliert werden. Die Gebäudeherstellungskosten werden dann wegen der Abnutzung linear abgezinst.

Schlüssel

Die erforderliche Anzahl von Schlüsseln hat der Vermieter zur Verfügung zu stellen. Normalerweise sind das zwei komplette Sätze zuzüglich von Schlüsseln für weitere Familienmitglieder. Die Anfertigung weiterer Schlüssel durch den Mieter oder der Verlust von Schlüsseln ist dem Vermieter zu melden. Bei Auszug aus der Wohnung sind alle Schlüssel zurückzugeben

Schriftform

Die Einhaltung der Schriftform bedeutet, dass der Aussteller einer Erklärung diese eigenhändig unterschreiben muss. Zu den wichtigen Erklärungen, für die § 126 BGB die Schriftform vorschreibt, gehören die Kündigung des Mietvertrags, der Widerspruch des Mieters gegen eine Kündigung nach Sozialklausel und das Fortsetzungsverlangen des Mieters bei Zeitmietverträgen mit Kündigungsschutz.

Staffelmiete

Staffelmieten sind vertragliche Vereinbarungen, mit denen im Voraus die jährlichen Mieterhöhungen über einen bestimmten Zeitraum genau vereinbart werden. Eine Kündigung kann dabei für maximal vier Jahre ausgeschlossen werden. Die Miete erhöht sich automatisch, ohne dass es einer Mitteilung bedarf.

Transaktionskosten

In der Immobilienbranche sind die Transaktionskosten die Kaufnebenkosten wie zum Beispiel die eventuelle Käuferprovision, die Gebühren für Notar und Grundbuchamt und die Grunderwerbsteuer. Sie fallen nicht durch den Bau der Immobilie an, sondern bei der Suche nach einem Käufer bzw. Mieter und allen damit verbundenen Handlungen, für die es am Ende eine Rechnung gibt.

Übergabeprotokoll

Zu Beginn und am Ende eines Mietverhältnisses sollten Mieter und Vermieter grundsätzlich gemeinsam ein Wohnungsübergabeprotokoll erstellen. In einem Wohnungsübergabeprotokoll wird für jedes Zimmer einzeln festgestellt, ob der Raum fehlerfrei und in Ordnung ist oder ob Mängel festgestellt wurden.

Unbedenklichkeitsbescheinigung

Für den Wechsel des Grundstückseigentümers im Grundbuch ist eine Unbedenklichkeitsbescheinigung erforderlich. Diese Bescheinigung ist eine Bestätigung des zuständigen Finanzamtes, dass keinerlei steuerlichen Verpflichtungen für ein Grundstück bestehen.

Verkehrswertermittlung

Im Rahmen der Verkehrswertermittlung wird der aktuelle Marktwert von Grundstücken und Immobilien ermittelt. Es gibt drei Verfahren zur Verkehrswertermittlung:

- das Sachwertverfahren,
- das Ertragswertverfahren,
- das Vergleichswertverfahren.

Es hängt von der Art der Immobilie ab, welches Verfahren angewandt wird.

Die DEKRA — das sei bei dieser Gelegenheit erwähnt — hat sich nicht nur rund um das Thema Mobilität einen Namen gemacht, sondern prüft und begutachtet durch ihre Sachverständigen auch Bauleistungen und bewertet Immobilien.

Wohnungsgrundbuch

Das Wohnungsgrundbuch wird für jede Eigentumswohnung angelegt.

Wohnungsmarkt

Unter Wohnungsmarkt versteht man das Angebot und die Nachfrage nach Wohnungen. Der Wohnungsmarkt wird unterteilt in regionale und sektorale (Art der Immobilien-)Märkte. Die Nachfrage nach Wohnungen wird unter anderem bestimmt durch die Bevölkerungsentwicklung, die Bevölkerungsstruktur und das Einkommen.

Wohnfläche

Für die Berechnung der Wohnfläche einer Wohnung sind die Innenmaße aller Räume maßgeblich, also auch Abstellräume, Speisekammern und eventuelle Heizkörpernischen. In die Berechnung fließen Keller, Dachböden oder Waschräume nicht mit ein. Problematisch sind Dachgeschosswohnungen, denn hier ist es unzulässig, einfach von der Grundfläche auszugehen. Nur bei einer Mindesthöhe von zwei Metern darf die Fläche darunter voll angerechnet werden. Bei einer Höhe zwischen ein und zwei Metern zählt die darunter liegende Fläche nur noch zur Hälfte. Bei einer Raumhöhe unter einem Meter zählt die Fläche gar nicht.

Zeitmietvertrag mit Kündigungsschutz

Grundsätzlich endet ein Zeitmietvertrag mit Ablauf der Dauer, die vereinbart wurde. Ist beispielsweise ein Mietvertrag für fünf Jahre geschlossen worden, so würde der Mietvertrag automatisch fünf Jahre nach Abschluss des Mietvertrages beendet sein. Allerdings hat der Mieter die Möglichkeit, dem Vermieter zwei Monate vor Ablauf der Mietzeit mitzuteilen, dass er in der Wohnung bleiben will. Wenn der Vermieter dieses Schreiben fristgemäß erhält, wird hierdurch der volle Kündigungsschutz für den Mieter ausgelöst. Will also der Vermieter, dass der Mieter auszieht, muss er nachweisen, dass für ihn ein berechtigtes Interesse vorliegt, den Vertrag nicht zu verlängern. Der Vermieter muss also eine Kündigung aussprechen und in dieser sein berechtigtes Interesse darlegen.

Zeitmietvertrag ohne Kündigungsschutz

Bei einem Zeitmietvertrag ohne Kündigungsschutz hat der Mieter nach Ablauf der Mietzeit die Mieträume unwiderruflich zu räumen. Ein derartiger Zeitmietvertrag kann aber nur unter bestimmten Bedingungen abgeschlossen werden. Die Mietdauer eines solchen Vertrages darf zum Beispiel maximal fünf Jahre betragen. Darüber hinaus ist erforderlich, dass der Vermieter bereits bei der Vermietung einen späteren Eigenbedarf für sich oder Familienangehörige anmeldet. Wenn der Vermieter seine Wohnung bzw. Immobilie später umbauen will, kann dies ebenfalls den Abschluss eines solchen Zeitmietvertrages rechtfertigen. Der Vermieter ist an den im Mietvertrag angegebenen Grund gebunden und darf nicht im Nachhinein andere Gründe nennen als zu Mietbeginn.

Zwangsversteigerung

Bei der Zwangsversteigerung einer Immobilie setzen Gläubiger ihre Ansprüche (Geldforderungen) mit Hilfe des Staates durch. Neben der Zwangsversteigerung gibt es noch die Zwangsverwaltung. Der Unterschied: Die Zwangsversteigerung zielt auf die Verwertung der Substanz einer Immobilie ab, die Zwangsverwaltung auf deren Ertrag.

14 Wichtige Rechtsgrundlagen von A bis Z

Als Makler wird man mit vielen teilweise komplizierten Rechtsfragen konfrontiert, die sich auf den eigenen Status und die Ausübung des Berufes beziehen. Auch hier gilt der bewährte Grundsatz: Man muss nicht alles wissen und können, aber man muss wissen, was man nicht weiß und kann. Die folgenden Gesetze, Verordnungen und Regelungen mögen einen Eindruck über die rechtlichen Tiefen und Untiefen des Maklerberufes vermitteln. Trotz sorgfältiger Bearbeitung wird eine Haftung für den Inhalt nicht übernommen.

Auslagen

Manchmal versuchen Makler ihre Auslagen, etwa für Fahrtkosten, erstattet zu bekommen. Das ist nur erlaubt, wenn dies ausdrücklich mit dem Kunden vereinbart wurde und die Auslagen einzeln belegt werden. Grundsätzlich sind die Kosten des Maklers mit der Provision bezahlt.

Doppeltätigkeit

Der von beiden Seiten (Verkäufer und Käufer bzw. Vermieter und Mieter) beauftragte Immobilienmakler ist zur strengen Unparteilichkeit verpflichtet. Diese Doppeltätigkeit wird von der Rechtsprechung grundsätzlich als zulässig angesehen. Der Bundesgerichtshof hat deutlich gemacht, dass die Doppeltätigkeit im Sinne einer Vermittlungstätigkeit für beide Parteien grundsätzlich nicht vertragswidrig ist, wenn sie dem Makler ausdrücklich gestattet wird und der Doppelauftrag für die jeweils andere Auftraggeberseite eindeutig erkennbar bzw. vorhersehbar ist. Wenn es im Rahmen des Doppelauftrags zu einem Konflikt zwischen der Aufklärungspflicht gegenüber einer Partei und der Verschwiegenheitspflicht gegenüber der anderen Partei kommt, hat die Aufklärungspflicht Vorrang. Ein Makler sollte eine Doppeltätigkeit offenbaren, um einen späteren Streit hinsichtlich seines Provisionsanspruches zu vermeiden.

Erlaubnisvoraussetzungen für Makler

Die Maklererlaubnis wird erteilt, wenn

- der Antragsteller nicht einschlägig vorbestraft ist,
- kein Insolvenz- oder Vergleichsverfahren anhängig ist und
- keine Eintragung im Schuldnerverzeichnis (eidesstattliche Versicherung über das Vermögen oder Haftanordnung zur Erzwingung der Abgabe der eidesstattlichen Versicherung) vorliegt.

Die mit der Erlaubniserteilung befasste Behörde kann die Industrie- und Handelskammern anhören, wenn der Antragsteller in den letzten fünf Jahren eine berufliche Tätigkeit als Geschäftsführer einer GmbH, als persönlich haftender Gesellschafter einer OHG oder KG oder als Inhaber eines Einzelunternehmens ausgeübt hat. In begründeten Einzelfällen ist die Strafverfolgungsbehörde im Hinblick auf ein laufendes Ermittlungsverfahren einzuschalten.

Nach Erteilung der Erlaubnis nach § 34 c GewO ist vor Aufnahme der gewerblichen Tätigkeit der Beginn des Gewerbes nach § 14 GewO bei der örtlich zuständigen Gewerbemeldestelle anzuzeigen. Für die Aufnahme der Maklertätigkeit werden keine fachlichen Voraussetzungen verlangt.

Gesetz gegen den unlauteren Wettbewerb (UWG) – in Ausschnitten

§ 1 Zweck des Gesetzes

Dieses Gesetz dient dem Schutz der Mitbewerber, der Verbraucherinnen und Verbraucher sowie der sonstigen Marktteilnehmer vor unlauteren geschäftlichen Handlungen. Es schützt zugleich das Interesse der Allgemeinheit an einem unverfälschten Wettbewerb.

§ 3 Verbot unlauterer geschäftlicher Handlungen

(1) Unlautere geschäftliche Handlungen sind unzulässig, wenn sie geeignet sind, die Interessen von Mitbewerbern, Verbrauchern oder sonstigen Marktteilnehmern spürbar zu beeinträchtigen.

(2) Geschäftliche Handlungen gegenüber Verbrauchern sind jedenfalls dann unzulässig, wenn sie nicht der für den Unternehmer geltenden fachlichen Sorgfalt entsprechen und dazu geeignet sind, die Fähigkeit des Verbrauchers, sich auf Grund von Informationen zu entscheiden, spürbar zu beeinträchtigen und ihn damit zu einer geschäftlichen Entscheidung zu veranlassen, die er andernfalls nicht getroffen hätte. Dabei ist auf den durchschnittlichen Verbraucher oder, wenn sich die geschäftliche Handlung an eine bestimmte Gruppe von Verbrauchern wendet, auf ein durchschnittliches Mitglied dieser Gruppe abzustellen. Auf die Sicht eines durchschnittlichen Mitglieds einer auf Grund von geistigen oder körperlichen Gebrechen, Alter oder Leichtgläubigkeit besonders schutzbedürftigen und eindeutig identifizierbaren Gruppe von Verbrauchern ist abzustellen, wenn für den Unternehmer vorhersehbar ist, dass seine geschäftliche Handlung nur diese Gruppe betrifft.
(3) Die im Anhang dieses Gesetzes aufgeführten geschäftlichen Handlungen gegenüber Verbrauchern sind stets unzulässig.

§ 13 Sachliche Zuständigkeit

(1) Für alle bürgerlichen Rechtsstreitigkeiten, mit denen ein Anspruch auf Grund dieses Gesetzes geltend gemacht wird, sind die Landgerichte ausschließlich zuständig. Es gilt § 95 Abs. 1 Nr. 5 des Gerichtsverfassungsgesetzes.
(2) Die Landesregierungen werden ermächtigt, durch Rechtsverordnung für die Bezirke mehrerer Landgerichte eines von ihnen als Gericht für Wettbewerbsstreitsachen zu bestimmen, wenn dies der Rechtspflege in Wettbewerbsstreitsachen, insbesondere der Sicherung einer einheitlichen Rechtsprechung, dienlich ist. Die Landesregierungen können die Ermächtigung auf die Landesjustizverwaltungen übertragen.

Gewerbeordnung GwO

Nach § 34 c Gewerbeordnung gilt als Immobilienmakler, wer gewerbsmäßig den Abschluss von Verträgen über Grundstücke, grundstücksgleiche Rechte, gewerbliche Räume oder Wohnräume vermittelt oder (als sog. Nachweismakler) die Gelegenheit zum Abschluss solcher Verträge nachweist.

Haftungsausschluss

Im Exposé sollte unbedingt ein Haftungsausschluss formuliert werden. Beispiel: „Alle in diesem Angebot enthaltenen Angaben, Abmessungen und Preisangaben beruhen auf Angaben des Verkäufers bzw. eines Dritten. Der Makler übernimmt hierfür keine Haftung."

Kostenmiete

Das Wohnungsbindungsgesetz (WonBindG) legt in § 8 fest, dass der Vermieter von Sozialwohnungen, Wohnungen also, die mit staatlichen Geldern oder zinsgünstigen Darlehen gefördert wurden, nur die Kostenmiete vom Mieter verlangen darf. Die Kostenmiete ist in der Regel deutlich niedriger als die auf dem freien Markt erzielbare Miete. Die Kostenmiete dient nur zur Deckung der laufenden Aufwendungen für die Immobilie. Wird dennoch eine höhere Mietzahlung vereinbart, so ist diese Vereinbarung unwirksam.

Maklerrecht — Auszug aus dem BGB

Das Maklerrecht ist in den §§ 652 bis 655 BGB geregelt. Da das Bürgerliche Gesetzbuch (BGB) 1896 ausgefertigt wurde, enthält es den damals üblichen Begriff „Mäkler" für Makler.

§ 652 Entstehung des Lohnanspruchs

(1) Wer für den Nachweis der Gelegenheit zum Abschluss eines Vertrags oder für die Vermittlung eines Vertrags einen Mäklerlohn verspricht, ist zur Entrichtung des Lohnes nur verpflichtet, wenn der Vertrag infolge des Nachweises oder infolge der Vermittlung des Mäklers zustande kommt. Wird der Vertrag unter einer aufschiebenden Bedingung geschlossen, so kann der Mäklerlohn erst verlangt werden, wenn die Bedingung eintritt.
(2) Aufwendungen sind dem Mäkler nur zu ersetzen, wenn es vereinbart ist. Dies gilt auch dann, wenn ein Vertrag nicht zustande kommt.

§ 653 Mäklerlohn

(1) Ein Mäklerlohn gilt als stillschweigend vereinbart, wenn die dem Mäkler übertragene Leistung den Umständen nach nur gegen eine Vergütung zu erwarten ist.
(2) Ist die Höhe der Vergütung nicht bestimmt, so ist bei dem Bestehen einer Taxe der taxmäßige Lohn, in Ermangelung einer Taxe der übliche Lohn als vereinbart anzusehen.

§ 654 Verwirkung des Lohnanspruchs

Der Anspruch auf den Mäklerlohn und den Ersatz von Aufwendungen ist ausgeschlossen, wenn der Mäkler dem Inhalt des Vertrags zuwider auch für den anderen Teil tätig gewesen ist.

§ 655 Herabsetzung des Mäklerlohns

Ist für den Nachweis der Gelegenheit zum Abschluss eines Dienstvertrags oder für die Vermittlung eines solchen Vertrags ein unverhältnismäßig hoher Mäklerlohn vereinbart worden, so kann er auf Antrag des Schuldners durch Urteil auf den angemessenen Betrag herabgesetzt werden. Nach der Entrichtung des Lohnes ist die Herabsetzung ausgeschlossen.

Mieterselbstauskunft

Der Vermieter hat ein berechtigtes Interesse daran zu erfahren, mit wem er es als zukünftigem Vertragspartner zu tun haben wird. Auf diese Weise lässt es sich am ehesten verhindern, das Mietobjekt an einen unter Umständen (von vornherein) zahlungsunwilligen Mieter zu vergeben. Es besteht allerdings kein gesetzlicher Anspruch des Vermieters auf eine Mieterselbstauskunft. Jedem Wohnungssuchenden dürfte jedoch klar sein, dass die Ablehnung einer Selbstauskunft einen Vertragsabschluss sehr unwahrscheinlich macht, denn der Vermieter kann sich im Rahmen der Vertragsautonomie seiner Vertragspartner frei wählen.

Das Fragerecht des Vermieters unterliegt gesetzlich bestimmten Grenzen. Grundsätzlich darf der Mieter in seinem Recht auf informationelle Selbstbestimmung gemäß Art. 2 Abs. 1 in Verbindung mit Artikel 1 Abs. 1 Grundgesetz (GG) nicht verletzt werden. Außerdem sind nur Fragen erlaubt, die das Mietverhältnis betreffen. Aber auch hier sind nicht alle Fragen zulässig, sondern ausschließlich diejenigen, die den Mieter — nach dem Grundsatz von Treu und Glauben gemäß § 242 BGB — nicht in seinen Rechten verletzen. Fragen, die mit dem Mietvertrag nicht im Zusammenhang stehen, darf der Mieter falsch beantworten, d. h. dem Mieter darf nicht nachträglich gekündigt werden, wenn sich herausstellt, dass er insoweit falsche Angaben gemacht hat.

Unzulässig sind unter anderem:

- persönliche Fragen nach der Familienplanung,
- Fragen nach einer bestehenden oder geplanten Schwangerschaft,
- Fragen, ob in Zukunft Kinder in die Wohnung einziehen werden,
- Fragen nach Mitgliedschaften in Parteien, im Mieterverein oder in einer Gewerkschaft,
- die Frage nach dem Bestehen einer Rechtsschutzversicherung,
- Fragen nach der Person des vorherigen Vermieters,
- Fragen nach Nationalität oder ethnischer Zugehörigkeit,
- Fragen nach bestehenden Krankheiten oder Behinderungen,
- Frage nach Vorstrafen oder einem anhängigen Ermittlungsverfahren,
- Fragen zur Offenlegung von Einnahmen und Verbindlichkeiten im Detail und
- Fragen nach den Einkommensverhältnissen von Angehörigen, sofern diese nicht ebenfalls Mieter sind oder auf andere Art (z. B. durch eine Mietbürgschaft) in Verbindung zum Mietvertrag stehen.

Zulässig sind unter anderem:

- Fragen zur Identität des Mieters,
- Fragen zum Einkommen,
- Fragen zur Anzahl und zum Alter der Haushaltsmitglieder,
- Fragen zum Arbeitsverhältnis und zum Arbeitgeber,
- Fragen zum Familienstand,

- Fragen nach Haustieren, soweit deren Haltung untersagt werden darf,
- die Frage, ob der Mieter Raucher ist,
- Fragen nach Mietschulden aus dem vorangegangenen Mietverhältnis.

Zur Mieterselbstauskunft können Sachverhalte gehören, die der Mieter von sich aus ansprechen und aufklären muss. Zum Beispiel, wenn

- die Höhe des Mietzinses 75 Prozent oder mehr des Nettoeinkommens des Mieters beträgt,
- die Miete im Rahmen der Übernahme der Kosten der Unterkunft vom Sozialamt oder anderen Grundsicherungsträgern übernommen wird oder
- über das Vermögen des Mieters das Insolvenzverfahren eröffnet worden ist.

Quelle:
http://www.mietrecht-hilfe.de/mietvertrag/selbstauskunft-des-mieters.html

Online-Inserat

Für Kauf- und Mietobjekte gilt, dass der Makler auf seine Provisionsansprüche im Falle einer erfolgreichen Vermittlung eindeutig hinweisen muss. So stellte das Oberlandesgericht (OLG) Düsseldorf in einem Urteil klar (Az.: 7 U 160/10), dass der allgemeine Hinweis, dass eine Provision anfalle, nicht ausreiche. Schließlich würde diese ja bisweilen auch vom Verkäufer oder Vermieter übernommen. Im verhandelten Fall ging es um ein Angebot auf einem Immobilienportal. Ein Interessent hatte telefonisch sein Interesse bekundet, die Wohnung auch erhalten, aber die Zahlung einer Provision verweigert, weil die Forderung im Inserat nicht deutlich machte, an wen sie sich richte. Es bleibt nun abzuwarten, wie der Bundesgerichtshof (BGH) entscheiden wird.

Das Immobilienportal immowelt.de rät Maklern, in der Insertion deutlich zu machen, wer im erfolgreichen Vermittlungsfall die Provision zu zahlen hat.

Schadensersatzansprüche

Die Verletzung von Haupt- und Nebenpflichten des Immobilienmaklers kann Schadensersatzansprüche zur Folge haben. Zu den Nebenpflichten gehören unter anderem Aufklärungs-, Beratungs-, Nachprüfungs- und Erkundigungspflichten. Hier hat der Makler im Rahmen des Zumutbaren die Interessen seiner Kunden zu wahren. Eine Hauptpflicht ist die aus einem qualifizierten Alleinauftrag ableitbare Tätigkeitspflicht des Maklers. Wenn ein Makler nachweisbar dieser Tätigkeitspflicht nicht nachkommt und dadurch eine Immobilie mit großem zeitlichem Verzug und zu einem ungünstigen Preis verkauft wird, kann er mit einem Schadensersatzanspruch konfrontiert werden. (BGH WM [Zeitschrift für Wohnungswirtschaft und Mietrecht] 1987, 1044).

Unabdingbare Regelungen

Die Rechte und Pflichten von Vermietern und Mietern sind vor allem im Bürgerlichen Gesetzbuch (BGB) geregelt. Da Art. 2 Abs. 1 Grundgesetz (GG) die Vertragsfreiheit schützt, dürfen die Mietvertragsparteien den Mietvertrag prinzipiell frei gestalten und hierbei auch Vereinbarungen treffen, die von den gesetzlichen Bestimmungen abweichen. Vertragliche Regelungen, die gegen das Gesetz oder die guten Sitten verstoßen, sind allerdings nichtig. Im Wohnraummietrecht gibt es jedoch noch „unabdingbare Regelungen“, die in mündlichen oder schriftlichen Mietverträgen nicht geändert werden dürfen. Dazu gehören unter anderem:

- der Kündigungsschutz einschließlich Sozialklausel (Gewährleistung sozialer Belange),
- die Bestimmungen über die Mieterhöhung,
- der Mieterschutz bei Modernisierung durch den Vermieter,
- das Recht auf Mietminderung,
- das Recht auf teilweise Untervermietung bei berechtigtem Interesse des Mieters,
- die Voraussetzungen für eine fristlose Kündigung des Mieters und
- die Höhe, Verzinsung und Fälligkeit der Kaution.

Vorschuss

Ein Makler darf von seinem Kunden kein Geld verlangen, bevor er tätig geworden ist, denn die Provision ist ein Erfolgshonorar. Das Honorar wird nur fällig, wenn tatsächlich ein Mietvertrag oder Kaufvertrag zustande gekommen ist. Wer für eine erfolglose Vermittlung gezahlt hat, kann das Geld zurückverlangen.

Wohnraumvermittlungsgesetz

Das „Gesetz zur Regelung der Wohnungsvermittlung (WoVermG)" von 1971 regelt Folgendes:

§ 1

(1) Wohnungsvermittler im Sinne dieses Gesetzes ist, wer den Abschluss von Mietverträgen über Wohnräume vermittelt oder die Gelegenheit zum Abschluss von Mietverträgen über Wohnräume nachweist.
(2) Zu den Wohnräumen im Sinne dieses Gesetzes gehören auch solche Geschäftsräume, die wegen ihres räumlichen oder wirtschaftlichen Zusammenhangs mit Wohnräumen mit diesen zusammen vermietet werden.
(3) Die Vorschriften dieses Gesetzes gelten nicht für die Vermittlung oder den Nachweis der Gelegenheit zum Abschluss von Mietverträgen über Wohnräume im Fremdenverkehr.

§ 2

(1) Ein Anspruch auf Entgelt für die Vermittlung oder den Nachweis der Gelegenheit zum Abschluss von Mietverträgen über Wohnräume steht dem Wohnungsvermittler nur zu, wenn infolge seiner Vermittlung oder infolge seines Nachweises ein Mietvertrag zustande kommt.
(2) Ein Anspruch nach Absatz 1 steht dem Wohnungsvermittler nicht zu, wenn

1. durch den Mietvertrag ein Mietverhältnis über dieselben Wohnräume fortgesetzt, verlängert oder erneuert wird,
2. der Mietvertrag über Wohnräume abgeschlossen wird, deren Eigentümer, Verwalter, Mieter oder Vermieter der Wohnungsvermittler ist, oder
3. der Mietvertrag über Wohnräume abgeschlossen wird, deren Eigentümer, Verwalter oder Vermieter eine juristische Person ist, an der der

Wohnungsvermittler rechtlich oder wirtschaftlich beteiligt ist. Das gleiche gilt, wenn eine natürliche oder juristische Person Eigentümer, Verwalter oder Vermieter von Wohnräumen ist und ihrerseits an einer juristischen Person, die sich als Wohnungsvermittler betätigt, rechtlich oder wirtschaftlich beteiligt ist.

(3) Ein Anspruch nach Absatz 1 steht dem Wohnungsvermittler gegenüber dem Wohnungssuchenden nicht zu, wenn der Mietvertrag über öffentlich geförderte Wohnungen oder über sonstige preisgebundene Wohnungen abgeschlossen wird, die nach dem 20. Juni 1948 bezugsfertig geworden sind oder bezugsfertig werden. Satz 1 gilt auch für die nach den §§ 88d und 88e des Zweiten Wohnungsbaugesetzes oder nach dem Wohnraumförderungsgesetz geförderten Wohnungen, solange das Belegungsrecht besteht. Das gleiche gilt für die Vermittlung einzelner Wohnräume der in den Sätzen 1 und 2 genannten Wohnungen.

(4) Vorschüsse dürfen nicht gefordert, vereinbart oder angenommen werden.

(5) Eine abweichende Vereinbarung ist unwirksam.[1]

§ 3

(1) Das Entgelt nach § 2 Abs. 1 ist in einem Bruchteil oder Vielfachen der Monatsmiete anzugeben.

(2) Der Wohnungsvermittler darf vom Wohnungssuchenden für die Vermittlung oder den Nachweis der Gelegenheit zum Abschluss von Mietverträgen über Wohnräume kein Entgelt fordern, sich versprechen lassen oder annehmen, das zwei Monatsmieten zuzüglich der gesetzlichen Umsatzsteuer übersteigt. Im Falle einer Vereinbarung, durch die der Wohnungssuchende verpflichtet wird, ein vom Vermieter geschuldetes Vermittlungsentgelt zu zahlen, darf das vom Wohnungssuchenden insgesamt zu zahlende Entgelt den in Satz 1 bestimmten Betrag nicht übersteigen. Nebenkosten, über die gesondert abzurechnen ist, bleiben bei der Berechnung der Monatsmiete unberücksichtigt.

(3) Außer dem Entgelt nach § 2 Abs. 1 dürfen für Tätigkeiten, die mit der Vermittlung oder dem Nachweis der Gelegenheit zum Abschluss von

1 § 2 gilt in Berlin und im Saarland in der Fassung des § 9 Abs. 3.

Mietverträgen über Wohnräume zusammenhängen, sowie für etwaige Nebenleistungen keine Vergütungen irgendwelcher Art, insbesondere keine Einschreibgebühren, Schreibgebühren oder Auslagenerstattungen, vereinbart oder angenommen werden. Dies gilt nicht, soweit die nachgewiesenen Auslagen eine Monatsmiete übersteigen. Es kann jedoch vereinbart werden, dass bei Nichtzustandekommen eines Mietvertrages die in Erfüllung des Auftrages nachweisbar entstandenen Auslagen zu erstatten sind.
(4) Eine Vereinbarung, durch die der Auftraggeber sich im Zusammenhang mit dem Auftrag verpflichtet, Waren zu beziehen oder Dienst- oder Werkleistungen in Anspruch zu nehmen, ist unwirksam. Die Wirksamkeit des Vermittlungsvertrags bleibt unberührt. Satz 1 gilt nicht, wenn die Verpflichtung die Übernahme von Einrichtungs- oder Ausstattungsgegenständen des bisherigen Inhabers der Wohnräume zum Gegenstand hat.

§ 4

Der Wohnungsvermittler und der Auftraggeber können vereinbaren, dass bei Nichterfüllung von vertraglichen Verpflichtungen eine Vertragsstrafe zu zahlen ist. Die Vertragsstrafe darf 10 Prozent des gemäß § 2 Abs. 1 vereinbarten Entgelts, höchstens jedoch 25 Euro nicht übersteigen.

§ 4a

(1) Eine Vereinbarung, die den Wohnungssuchenden oder für ihn einen Dritten verpflichtet, ein Entgelt dafür zu leisten, dass der bisherige Mieter die gemieteten Wohnräume räumt, ist unwirksam. Die Erstattung von Kosten, die dem bisherigen Mieter nachweislich für den Umzug entstehen, ist davon ausgenommen.
(2) Ein Vertrag, durch den der Wohnungssuchende sich im Zusammenhang mit dem Abschluss eines Mietvertrages über Wohnräume verpflichtet, von dem Vermieter oder dem bisherigen Mieter eine Einrichtung oder ein Inventarstück zu erwerben, ist im Zweifel unter der aufschiebenden Bedingung geschlossen, dass der Mietvertrag zustande kommt. Die Vereinbarung über das Entgelt ist unwirksam, soweit dieses in einem auffälligen Missverhältnis zum Wert der Einrichtung oder des Inventarstücks steht.

§ 5

(1) Soweit an den Wohnungsvermittler ein ihm nach diesem Gesetz nicht zustehendes Entgelt, eine Vergütung anderer Art, eine Auslagenerstattung, ein Vorschuss oder eine Vertragsstrafe, die den in § 4 genannten Satz übersteigt, geleistet worden ist, kann die Leistung nach den allgemeinen Vorschriften des bürgerlichen Rechts zurückgefordert werden; die Vorschrift des § 817 Satz 2 des Bürgerlichen Gesetzbuchs ist nicht anzuwenden.
(2) Soweit Leistungen auf Grund von Vereinbarungen erbracht worden sind, die nach § 3 Abs. 2 Satz 2 oder § 4a unwirksam oder nicht wirksam geworden sind, ist Absatz 1 entsprechend anzuwenden.

§ 6

(1) Der Wohnungsvermittler darf Wohnräume nur anbieten, wenn er dazu einen Auftrag von dem Vermieter oder einem anderen Berechtigten hat.
(2) Der Wohnungsvermittler darf öffentlich, insbesondere in Zeitungsanzeigen, auf Aushängetafeln und dergleichen, nur unter Angabe seines Namens und der Bezeichnung als Wohnungsvermittler Wohnräume anbieten oder suchen; bietet er Wohnräume an, so hat er auch den Mietpreis der Wohnräume anzugeben und darauf hinzuweisen, ob Nebenleistungen besonders zu vergüten sind.

§ 7

Die Vorschriften des § 3 Abs. 1 und des § 6 gelten nur, soweit der Wohnungsvermittler die in § 1 Abs. 1 bezeichnete Tätigkeit gewerbsmäßig ausübt.

§ 8

(1) Ordnungswidrig handelt, wer als Wohnungsvermittler vorsätzlich oder fahrlässig

1. entgegen § 3 Abs. 1 das Entgelt nicht in einem Bruchteil oder Vielfachen der Monatsmiete angibt,
2. entgegen § 3 Abs. 2 ein Entgelt fordert, sich versprechen lässt oder annimmt, das den dort genannten Betrag übersteigt,

3. entgegen § 6 Abs. 1 ohne Auftrag Wohnräume anbietet oder
4. entgegen § 6 Abs. 2 seinen Namen, die Bezeichnung als Wohnungsvermittler oder den Mietpreis nicht angibt oder auf Nebenkosten nicht hinweist.

(2) Die Ordnungswidrigkeit nach Absatz 1 Nr. 2 kann mit einer Geldbuße bis zu 25.000 Euro, die Ordnungswidrigkeit nach Absatz 1 Nr. 1, 3 und 4 mit einer Geldbuße bis zu 2.500 Euro geahndet werden.

§ 9

(3) § 2 gilt für das Land Berlin und für das Saarland mit der Maßgabe, dass das Datum „20. Juni 1948“ für das Land Berlin durch das Datum „24. Juni 1948“, für das Saarland durch das Datum „1. April 1948“ zu ersetzen ist.

15 Ausbildungswege in der Immobilienbranche

In der Immobilienbranche wird eine Vielzahl von Aus-, Fort- und Weiterbildungsmöglichkeiten angeboten, und auch wenn die Praxis der beste Lehrmeister ist, sollten Immobilienmakler die entsprechenden Chancen unbedingt nutzen. Eine solide Aus- und Fortbildung schadet nur jenen, die sie nicht absolviert haben.

15.1 Aus- und Fortbildung in der Immobilienbranche

Immobilienmakler/in IHK

Der zertifizierte Lehrgang „Immobilienmakler IHK" vermittelt die Grundlagen des Maklergeschäfts. Neben dem unverzichtbaren rechtlichen und vertrieblichen Fachwissen geht es um das professionelle Handwerkszeug für die Vermittlung, Vermietung und den Verkauf von Wohnungen bzw. Immobilien. Schwerpunkte des Lehrgangs bilden das fachliche Know-how und der persönliche Auftritt im Markt.

Zur Zielgruppe der Weiterbildung zum/r Immobilienmakler/in IHK gehören unter anderem die Mitarbeiterinnen und Mitarbeiter von Makler- und Immobilienverwalterfirmen, Quer- und Seiteneinsteiger (auch Existenzgründer), Mitarbeiter von Bauträgerunternehmen und Finanzdienstleister.

Zulassungsvoraussetzungen für die Teilnahme an der Weiterbildungsmaßnahme bestehen nicht. Eine kaufmännische Vorbildung und/oder einschlägige Berufspraxis wäre aber ebenso von Vorteil wie eine technische oder handwerkliche Berufsausbildung. Es gibt Kompaktangebote für diesen Zertifizierungslehrgang, die nur zwei Wochen dauern.

Immobilienkaufmann/-frau

Immobilienkaufleute arbeiten in allen Bereichen der Immobilienwirtschaft und beraten Kunden in Fragen rund um Haus, Wohnung oder Grundstück. Sie erwerben und verwalten Immobilien und Grundstücke, vermitteln, vermieten bzw. verpachten oder verkaufen sie. Des Weiteren begleiten sie Bauvorhaben und erstellen Finanzierungskonzepte. Immobilienkaufleute sind auch in den Immobilienabteilungen von Banken, Bausparkassen oder Versicherungen und teilweise auch in der öffentlichen Verwaltung (etwa in Liegenschaftsbehörden) tätig.

Immobilienkaufmann/-frau ist ein anerkannter Ausbildungsberuf nach dem Berufsbildungsgesetz (BBiG). Die bundesweit geregelte 3-jährige Ausbildung wird in der Wohnungs- und Immobilienwirtschaft angeboten, es ist aber auch eine schulische Ausbildung möglich.

Der Beruf „Kaufmann/Kauffrau in der Grundstücks- und Wohnungswirtschaft" wurde 2006 neu geordnet und in Immobilienkaufmann/-frau umbenannt. Quelle und weitere Informationen: http://berufenet.arbeitsagentur.de/berufe

Immobilienfachwirt/in (gtw/IHK)

Angeboten werden berufsbegleitende Vorbereitungslehrgänge „Geprüfte/r Immobilienfachwirt/in (IHK)", die in der Regel zwölf bis 16 Monate dauern. Der Unterricht findet an zehn über den oben genannten Zeitraum verteilten Wochenenden (Freitag und Samstag) statt, um genug Zeit für das Selbststudium zu ermöglichen. Abgeschlossen wird der Lehrgang mit einer Blockwoche am Ort der prüfenden IHK.

Das Fortbildungsangebot richtet sich unter anderem an

- Makler,
- Hausverwalter,
- Bauträger,
- Baufachleute,
- Juristen und
- Bankfachleute.

Weitere Informationen erhält man von der ortsansässigen IHK.

Die „Gesellschaft für Training und Weiterbildung mbH" bietet als privates Weiterbildungsinstitut der Immobilienwirtschaft eine Fortbildung mit dem Abschluss „Immobilienfachwirt/in (gtw)" an. Je nach beruflicher Auslastung und der persönlichen Verpflichtungen kann man wählen zwischen einem drei- oder fünfmonatigen Kombinationslehrgang, einem Wochenend-Lehrgang oder einem Blockseminar-Lehrgang.

Die Aufstiegsfortbildung „Immobilienfachwirt/in (gtw)" richtet sich an Kaufleute und/oder kaufmännisch erfahrene Fachkräfte, die

- ein eigenes Immobilienmaklerbüro gründen wollen,
- als Mitarbeiter/in im Immobilienmaklerbüro mehr Verantwortung übernehmen möchten,
- ihre Fachkenntnisse in der Immobilienwirtschaft fundiert entwickeln wollen, um Grundstücke, Häuser, Wohnungen oder Gewerbeflächen im Auftrag von Bauträgern, Immobilienbesitzern oder Immobiliengesellschaften zu vermarkten.

Bei Vorliegen der entsprechenden Voraussetzungen kann man bei der IHK die Prüfung zum Abschluss „geprüfte/r Immobilienfachwirt/in (IHK)" ablegen.

Weitere Informationen unter www.gtw.de.

Fernlehrgang Immobilienkauffrau/-mann

Mit dem Fernlehrgang für Immobilienkaufleute bietet die „Deutsche Immobilienakademie (DIA)" in Kooperation mit dem „Europäischen Bildungszentrum der Wohnungs- und Immobilienwirtschaft (EBZ)" Bochum eine gute Alternative zur standardmäßigen beruflichen Ausbildung, die nebenberuflich absolviert werden kann.

Weitere Informationen unter www.dia.de.

Immobilienmediator/in (DIA)

In dem Kapitel „Der Makler als Moderator und Mediator“ wurde bereits dargelegt, wie man als Makler Konflikte im Immobiliengeschäft analysiert und erfolgreich reguliert, damit ein Streitfall nicht eskaliert und gar zeitaufwändig und kostspielig vor Gericht ausgetragen werden muss. Die Deutsche Immobilienakademie (DIA) bietet mit der Ausbildung zum/zur „Immobilienmediator/in (DIA)“ eine anerkannte Qualifikation, die den Berufszugang für diese wichtige Tätigkeit ermöglicht.

15.2 Studium in der Immobilienwirtschaft

Neben den hier exemplarisch beschriebenen Aus-, Weiter- und Fortbildungsmöglichkeiten werden diverse Studiengänge angeboten, über die man sich für anspruchsvolle Aufgaben in der Immobilienwirtschaft qualifizieren kann.

Studium Immobilienwirtschaft mit Abschluss Bachelor of Science (B.Sc.)

Ein praxisnahes Studium mit Abschluss zum B.Sc. bietet etwa die Hochschule für Wirtschaft und Umwelt Nürtingen-Geislingen (HfWU) an. Die Regelstudienzeit beträgt sieben Semester, und der erfolgreiche Abschluss bietet Berufsperspektiven beispielsweise bei Wohnungsunternehmen, Verbänden, Banken, Bausparkassen, Bauträgergesellschaften, Maklerunternehmen, Fondsgesellschaften, Finanzierungsberatungen und im Facility Management.

Weitere Informationen unter www.hfwu.de.

Studium Immobilienökonom

Das Studium zum Immobilienökonom wird als Kontaktstudium angeboten und ist somit berufsbegleitend. Die Studiendauer beträgt 15 Monate und teilt sich entweder in Semester oder Trimester auf. Es findet Blockunterricht statt, sodass die Studierenden außerhalb der Vorlesungszeiten ihrer Berufstätigkeit nachgehen können.

Unter anderem bieten die folgenden Hochschulen dieses Studium an:

- Die „Immobilienakademie der International Real Estate Business School (IREBS)“ an der Universität Regensburg mit Abschluss „Immobilienökonom (IREBS)“ Weitere Informationen unter www.irebs-immobilienakademie.de.
- Die „Akademie der Immobilienwirtschaft (ADI)“ mit Abschluss „Diplom-Immobilienökonom/in (ADI)“ Weitere Informationen unter www.adi-akademie.de.

Als Zulassungsvoraussetzungen gelten

- ein abgeschlossenes Hochschulstudium oder
- eine berufliche Qualifikation im Immobilienbereich und/oder
- eine mehrjährige Berufspraxis.

Neben den obigen Studienmöglichkeiten bietet der „GdW Bundesverband deutscher Wohnungs- und Immobilienunternehmen“ ein zweisemestriges Zusatzstudium mit dem Abschluss „Immobilienökonom (GdW)“ an.

Weitere Informationen unter www.web.gdw.de.

Immobilienmanagement Northern Business School (NBS) Wismar

Der Studiengang Betriebswirtschaft ist ein Studienangebot der „Hochschule Wismar, University of Applied Sciences – Technology, Business and Design“. Dieser Studiengang wird bei der NBS in zwei Zeitmodellen angeboten, einerseits tagsüber und andererseits freitagabends sowie samstags für Berufstätige und Auszubildende. Der besondere Vorteil besteht darin, dass man während des Studiums das Zeitmodell wechseln kann.

Die Immobilienbranche wurde bislang in Deutschland und Teilen Europas in ihrer Bedeutung unterschätzt. Im Zuge der Globalisierung und des beschleunigten Strukturwandels haben sich aber tiefgreifende Veränderungen ergeben.

Die Immobilienwirtschaft ist eine branchenbezogene Betriebswirtschaftslehre — und zwar mit Blick auf alle Phasen und Lebenszyklen von Gewerbe-, Wohn- und Sonderimmobilien. Nicht zuletzt dies ist Inhalt des Studiengangs der NBS.

Weitere Informationen unter www.nbs.de.

15.3 Fort- und Weiterbildungsträger in der Immobilienwirtschaft

Für die Aufnahme einer Maklertätigkeit werden bekanntlich keine fachlichen Voraussetzungen verlangt. Man muss weder eine einschlägige Berufsausbildung noch entsprechende Berufserfahrungen nachweisen. Der Gesetzgeber appelliert allerdings im Rahmen der marktwirtschaftlichen Gewerbefreiheit an die Makler, sich im eigenen Interesse entsprechende Fähigkeiten und Kenntnisse anzueignen.

Hierzu wird eine Vielzahl an branchenorientierten Seminaren angeboten. Dies sind die besonders gefragten Inhalte:

- Berufs- und Rechtsgrundlagen für Immobilienmakler
- Verkaufstraining für den Immobilienbereich
- Verhandlungen erfolgreich gestalten
- Maklerrecht
- Grundlagen der Immobilien-Wertermittlung
- Grundlagen der Immobilienfinanzierung
- Grundlagenwissen zum Versicherungsschutz im Immobilienbereich
- Aufbau und Führung einer Hausverwaltung
- Einführung in das Facility Management
- Professioneller Aufbau eines Maklerbüros
- Umgang mit Mietern und Eigentümern
- Kundenorientierter Schriftverkehr
- Rhetorik
- Telefontraining
- Mietverträge rechtssicher abschließen

- Anzeigen und Exposés texten
- Provisionssicherung

Auswahl an Fort- und Weiterbildungsträgern in der Immobilienwirtschaft

Die folgenden Ausbildungsinstitute sind zumeist in mehreren Regionen tätig.

- *ADI Akademie der Immobilienwirtschaft GmbH*
  Postfach 72 01 71
  70577 Stuttgart
  Telefon: 0711/3000506
  E-Mail info@adi-akademie.de
  Internet: www.adi-akademie.de
- *BBA Akademie der Immobilienwirtschaft e.V., Berlin*
  Lützowstraße 106
  10785 Berlin
  Telefon: 030/23 08 55-0
  E-Mail: kontakt@bba-campus.de
  Internet: www.bba-campus.de
- *Deutsche Immobilien-Akademie an der Universität Freiburg GmbH*
  Eisenbahnstraße 56
  79098 Freiburg
  Telefon: 0761/20755-0
  Internet: www.dia.de
- *Europäische Immobilien Akademie e. V.*
  Hohenzollernstraße 35
  66117 Saarbrücken
  Telefon: 0681/9 27 38 0
  E-Mail: info@eia-akademie.de
  Internet: www.eia-akademie.de
- *FOM Hochschule für Ökonomie & Management gemeinnützige Gesellschaft mbH*
  Leimkugelstraße 6
  45141 Essen
  Telefon: 0201/81004-0
  E-Mail: studienberatung@fom.de
  Internet: www.fom.de

- *IREBS Institut für Immobilienwirtschaft – Universität Regensburg*
  93040 Regensburg
  Telefon: 0941/943-5081
  E-Mail: irebs@irebs.de
  Internet: www.irebs-immobilieninstitut.de

15.4 Verbände in der Wohnungs- und Immobilienwirtschaft

- Bundesvereinigung Spitzenverbände der Immobilienwirtschaft (BSI)
  www.bsi-web.de
- Bundesverband Freier Immobilien- und Wohnungsunternehmen (BFW)
  www.bfw-bund.de
- GdW Bundesverband deutscher Wohnungs- und Immobilienunternehmen
  www.gedw.de
- Immobilienverband Deutschland IVD
  Bundesverband der Immobilienberater, Makler, Verwalter und Sachverständigen
  www.ivd.net

Abkürzungen in der Immobilienbranche

AB	Altbau
Abl.	Ablöse
Abst.	Abstand
App.	Appartement
Ausst.	Ausstattung
BW/BaWa	Badewanne
Bj.	Baujahr
BK	Betriebskosten
Blk.	Balkon
Bung.	Bungalow
bzb.	beziehbar
CT	Courtage
DB	Duschbad
DG	Dachgeschoss
DH	Doppelhaus
DHH	Doppelhaushälfte
Do.-Gge.	Doppelgarage
DT	Dachterrasse
DB	Erstbezug
EBK	Einbauküche
EG	Erdgeschoss
EFH	Einfamilienhaus
ELW	Einliegerwohnung

EK	Eigenkapital
erschl.	erschlossen
Etg.	Etage
ETW	Eigentumswohnung
FP	Festpreis
Gal.	Galerie
Gart.	Garten
Gge.	Garage
geh.	gehoben
Grdst.	Grundstück
HK	Heizkosten
HP	Hochparterre
Hob.	Hobbyraum
Hs.	Haus
HWR	Hauswirtschaftsraum
ISO	Isolierverglasung
Komf.	Komfort
KM	Kaltmiete
KP	Kaufpreis
KT	Kaution
Lg.	Lage
MBW	Massivbauweise
MM	Monatsmiete
mtl.	monatlich
NB	Neubau
Nutzfl.	Nutzfläche

NK	Nebenkosten
NR	Nichtraucher
OG	Obergeschoss
PK	Parkett
Prov	Provision
prov.-fr.	provisionsfrei
RH	Reihenhaus
Sout.	Souterrain
Terr.	Terrasse
VB	Verhandlungsbasis
VK	Vollkeller
VS	Verhandlungssache
WB	Wannenbad
WE	Wohneinheit
WM	Warmmiete
WaMa	Waschmaschine
Wohnfl.	Wohnfläche
Whg.	Wohnung
WW	Warmwasser
ZH	Zentralheizung
ZKB	Zimmer/Küche/Bad

Literatur

Dörner, Dietrich: Die Logik des Misslingens. rororo 2003

Drucker, Peter Ferdinand: Managing for Business Effectiveness. Mai-Juni 1963, S. 53–60.

Lay, R.: Dialektik für Manager. Methoden des erfolgreichen Angriffs und der Abwehr. Ullstein Verlag TB 2003

Immobilien 2013: Zahlen, Daten, Fakten. Haufe, Freiburg 2013

Schulz von Thun, F., Ruppel, J., Stratmann, R.: Miteinander reden: Kommunikationspsychologie für Führungskräfte. rororo 2003

Stichwortverzeichnis